Fritz Hendrich

HORSE-SENSE

Fritz Hendrich

Horse Sense

oder wie Alexander der Große
erst ein Pferd
und dann ein Weltreich eroberte

Drei Schritte zum Charisma der Führung

Signum Wirtschaftsverlag

Das Titelbild zeigt ein Flachrelief von T. Angelini und G. Cali: »Der junge Alexander, der den Bukephalos bändigt«; Königspalast von Caserta

Besuchen Sie uns im Internet unter
www.signumverlag.de

© 2003 by Signum Wirtschaftsverlag – Amalthea Signum Verlag GmbH,
Wien
Alle Rechte vorbehalten
Schutzumschlag: Wolfgang Heinzel
Satz: Fotosatz Völkl, Türkenfeld
Druck: Jos. C. Huber, Garching
Binden: Oldenbourg Buchmanufaktur
Printed in Germany
ISBN 3-85436-346-X

Inhalt

DER DREIKLANG DES FÜHRUNGS-
CHARISMA 9

Horse-Sense =»gesunder Menschenverstand« 11

BEACHTUNG und ACHTSAMKEIT

Alexander und Bukephalos – I 23

Der erste Schritt: Achtsamkeit bringt Beachtung
Meister aller Sinne 33
Die leiseste Weltsprache 41
Führungsgaben im Gegengeschäft 45
Frau und Mann und Pferd 48
Führen heißt Dienen 52
Die Pferde der Götter 54
Eroberer, Kriege und Raketen 57
Sanfte Geburt und Mentoring 60
Lernfeld Hier und Jetzt 62
Resonanz erzeugen 65
Sind Fühlen und Führen lernbar? 67
Ehrlich oder echt? 70
Planung ist gut. Gefühl ist besser 72
Vision braucht Sehvermögen 77

Inhalt

VERTRAUEN

Alexander und Bukephalos – II 81

Der zweite Schritt: Vertrauen gewinnt über Kontrolle
Kontrolle ist gut, Vertrauen ist besser 87
Stress macht Angst – Angst macht Stress 92
Mut zur Demut 94
Vertrauen beginnt früh – oder nie 98
Vertrauenskultur statt Verhaltenskontrolle 102
Die Erfolgsregeln für Vertrauen 106
Die verzerrte Wahrnehmung 110

RESPEKT

Alexander und Bukephalos – III 119

Der dritte Schritt: Respekt ist keine Einbahn
Re-spekt heißt auch Rück-sicht 127
Mittendrin statt obendrüber 136
Respekt braucht Nähe 140
Müssen Manager Menschen mögen? 147
Du oder doch Sie? 151
»Durchsetzen!« 154
Vom Wunsch zum Befehl 158
Nichts riskieren kann riskant sein 161
Tu wovor du Angst hast 164

CHARISMA

Göttlich? Übermenschlich? Lernbar? 169
1. Wie nehme ich wahr und wie werde ich wahrgenommen? 175
2. Wie gebe und wie bekomme ich Vertrauen? 178
3. Wie zeige und wie erhalte ich Respekt? 181

Anhang zu BUKEPHALOS 187

Anhang zu ALEXANDER 195
Zeittafel zum Leben Alexander des Großen 197
Charismatisch, genial oder nur ehrgeizig? 199

Nachwort 205
Literaturhinweise 209
Stichwort- und Namensverzeichnis 212

DER DREIKLANG DES FÜHRUNGSCHARISMA

Horse-Sense =»gesunder Menschenverstand«

(Langenscheidts Handwörterbuch Englisch)

Die tiefen Stürze großer Unternehmen seit der Jahrtausendwende haben das Vertrauen in Führungskräfte weltweit deutlich angeschlagen. Die Visionäre wurden aus ihren Heißluftballons auf die Erde geholt. Sie landeten manchmal hart auf der Holzbank vor dem Handels- oder Strafrichter, meist aber sanft mit ihren goldenen Fallschirmen auf einer karibischen Insel. An ihrer Stelle gingen die Kostenrechner mit scharfen Scheren und Messern auf Kopfjagd, einer mäßig erfreulichen Form des Headhunting ...

Statt herausragenden Persönlichkeiten brauchen wir realistisch denkende Handwerker und Buchhalter des Erfolgs – sagen viele aus Enttäuschung über geplatzte Erwartungen und Versprechungen. Für die Sofortmaßnahmen der Erstversorgung stimme ich ihnen zu.

Wenn aber angeschlagene Konzerne ihre Identität und Mission neu finden müssen, wenn kleine und mittlere Betriebe ihre Nischen und Chancen entdecken oder neu gestalten sollen, dann sind dazu die *Leader*[1] notwendig, die

---

[1] *Ich bedaure es sehr, aber es wird wohl noch ein, zwei Generationen brauchen, bis unsere Sprache den historischen Schock verdaut hat und das Wort auch wieder in seiner deutschen Version ohne allergische Spontanreaktion verwendbar ist.*

Horse-Sense = »gesunder Menschenverstand«

mit magnetischer Ausstrahlung Begeisterung wecken und Reserven aktivieren können, die persönliches Risiko wagen und damit Beachtung, Respekt und Vertrauen finden. Dann bewirken Führungskräfte, die man charismatisch nennt, Erfolge, die wir als herausragend anerkennen.

Charismatische Menschen an der Spitze geben ihren Leuten eine neue, mutige Weltsicht. Zumindest unsere Wirtschaftswelt kann eine solche dringend brauchen.

Was macht solche Persönlichkeiten aus? Was ist Charisma? Was davon ist angeboren, was anerzogen und was lernbar? Das versuchen seit Max Weber[2] Generationen von Soziologen und Psychologen, Politologen und Ökonomen zu definieren. (Mehr dazu später im Abschnitt »Charisma«.)

Dieses Buch macht mit einer Lern- und Entwicklungshilfe für Führungsqualität vertraut, die uns in jüngerer Zeit abhanden gekommen ist, jetzt aber zusehends neue, verdiente Beachtung findet:

Durch Jahrhunderte, genau genommen mindestens die letzten drei Jahrtausende, sind Männer, die Führung übernehmen sollten und das auch erfolgreich getan haben, mit ihrem Pferd aufgewachsen. (Dass man Frauen von diesem Erfahrungs- und Erlebnispartner für Führungsqualität fern gehalten hat, ist daher kein zufälliger Teil patriarchalischer Entwicklungsgeschichte und verdient gesonderte Betrachtung in der Geschichte des Macho-Managements.)

---

2 Max Weber: »*Wirtschaft und Gesellschaft*« *III*, Kap. IX (aus dem Nachlass 1922 herausgegeben von Marianne Weber).

Horse-Sense = »gesunder Menschenverstand«

Mit seinem Pferd musste in Resonanz sein, wer überzeugend andere führen wollte. Wer dann erfolgreich war, ließ sie sich mit seinem Pferd in Bronze oder Stein, auf Ölbildern, Fresken und Gobelins der Nachwelt überliefern. Was diese Führungspersönlichkeiten damit darstellen wollen, strahlt auf den Bildern zuallererst ihr Partner Pferd aus und verleiht es gnädig seinem Reiter: Kraft, Würde, Schönheit, Mut, Stärke, Heldentum – eben Charisma.

Dieses viel strapazierte Wort bezeichnet in seinem griechischen Ursprung schlichtweg eine Gnadengabe, also etwas, das man von einer göttlichen Instanz bekommt. Die Summe all der Qualitäten, die darin eingeschlossen sind, wird wohl kaum von einem Wesen besser symbolisiert als von dem, über das es im Koran heißt:

»Und Allah schuf das Pferd und rief ihm zu:

Dich habe ich geschaffen ohnegleichen. Alle Schätze dieser Erde liegen zwischen deinen Augen.

Du sollst deine Feinde unter deinen Hufen zermalmen, aber meine Freunde auf deinem Rücken tragen. Dein Sattel soll der Sitz für Gebete an mich sein.

Du sollst fliegen ohne Flügel und siegen ohne Schwert!«

Ein solches Wesen lässt sich nicht durch Muskelkraft beherrschen und nicht durch Einschüchterung zum gemeinsamen Erfolg führen. Wenn es nicht selbst will, was vermögen dann 80 Kilo Mensch gegen eine gute halbe Tonne Pferd? Zwischen Führungskraft und Mitarbeiter ist zwar das körperliche Masseverhältnis im Normalfall ausgeglichener, doch ist Gewaltanwendung nicht gerade der letzte und sozial akzeptierte Entwicklungsstand der Führungskunst. Die dafür ersatzweise benutzten Verlockungen (Prämie, Bonus, Beförderung ...) oder Bedrohungen (Arbeitsplatzsicherheit, Abstellgleis, Ungnade ...) sind als Führungsinstrumente auch eher phantasielos oder banal bis armselig.

Ein Pferd lässt sich zur Zusammenarbeit überzeugen und gewinnen, wenn ihm starke und sichere, aber gewaltfreie Führung angeboten wird. Dazu braucht und fordert es:

○ Aufmerksamkeit und Achtsamkeit,
○ Vertrauen und Berechenbarkeit,
○ Wertschätzung und Respekt.

Das sind die Fähigkeiten, die als gewünschte Verhaltensweisen und Qualitäten in den Anforderungskatalog für die überzeugende, motivierende Führungskraft gehören. Wenn sie über diese verfügt, dann braucht sie nicht durch Macht- und Drohgebärden oder verführende Köder Mitarbeiter zu nötigen (und das für Führung zu halten), sondern strahlt durch ihre Persönlichkeit Autorität aus.

Wie weit jemand in seiner Rolle als Führungskraft diese Erwartungen und Ansprüche erfüllt, das erfährt er oder sie vielleicht da oder dort, eventuell dann und wann in offenen Gesprächen oder durch verschlüsselte Botschaften, gefiltert durch Rücksicht oder Höflichkeit, Kalkül oder Taktik, Schmeichelei oder getarnte Absicht – oder auch gar nicht.

Genau darin liegt die Chance, die Führungskräfte durch so viele Jahrhunderte hatten im Lernen durch das mystische Wesen Pferd. Es agiert in der einzigen Zeit, die es kennt:

Horse-Sense = »gesunder Menschenverstand«

im Jetzt. Es reagiert in der einzigen Art, zu der es fähig ist: in der totalen, schonungslosen Ehrlichkeit.

Wie nötig die Bewohner der Elfenbeintürme ungeschminktes Feedback haben, sagt nicht nur der Psychoanalytiker und Insead-Professor Kets de Vries: »Die Fähigkeit zur Selbstreflexion ist bei Führungskräften notorisch unterentwickelt.« Die erschreckende Diskrepanz von Selbst- und Fremdbild zeigen auch gelegentliche Vergleiche der Selbsteinschätzung der Chefs mit der Beurteilung durch ihre Mitarbeiter oder auch Kollegen.

Dass sie ihre Leute in wesentliche Entscheidungen einbinden, beteuerten da kürzlich 79 Prozent der Manager. Von ihren Mitarbeitern sind ganze sieben Prozent bereit, das zu bestätigen. Sich in die Lage anderer zu versetzen, gaben in einer Schweizer Studie 67 Prozent der Manager als ihre Stärke an. Immerhin 15 Prozent ihrer Kollegen konnten das bestätigen. Die Leistungen und Fähigkeiten anderer zu schätzen, rühmen sich 75 Prozent. In ihrem Umfeld erleben das 18 Prozent so ...

Was Menschen über ihre Wirkung – vor allem, aber nicht nur in Führungssituationen – durch das »Flüstern« mit den Pferden bekommen können, ist ebendieses nötige Feedback, nutzbar als Anregung und Handlungsimpuls zu ihren Fähigkeiten und Entwicklungsaufgaben im Umgang mit ihrer Umwelt.

Sicher ist die direkte körperliche Erfahrung mit diesem Wesen unter versierter Anleitung das beste Lernfeld für rasche Einsichten und Erkenntnisse, ohne dass man deshalb gleich zum Reiter werden müsste. Fürs Erste kann auch schon ein großer Schritt zur Stärkung der Führungs-

Horse-Sense = »gesunder Menschenverstand«

qualität getan werden, wenn man das Wissen der Pferdekenner und Pferdeflüsterer, wie es hier dargestellt wird, sich zuerst ansieht und für Denkanstöße nutzt.

Allein im individuellen und sozialen Verhalten der Pferde die anregenden Metaphern und Symbole für unseren Umgang mit Führung und Hierarchie, mit Respekt und Vertrauen, mit Loyalität und Sicherheit und vielen anderen Themen zu erkennen, bringt reiche Anregung zur Entwicklung des persönlichen Horse-Sense.

Deshalb ist dieses Buch auch nicht für Reiter und solche, die es werden wollen, geschrieben, sondern für jene, die ihren Horse-Sense, also ihren gesunden Menschenverstand, schärfen und einsetzen wollen, um als Manager und im Team mit anderen Ziele zu erreichen. Ob man sich auch mit einem lebendigen Vertreter des Mythos Pferd konfrontiert, lässt sich dann noch immer entscheiden und findet auch zuerst »auf gleicher Ebene«, also im Spiel auf dem Boden, nicht hoch zu Ross statt.

Horse-Sense sollte dabei als Chiffre gesehen werden für das Schärfen aller Sinne zu einer hoch sensiblen Wachsamkeit und Aufnahmebereitschaft, in der Pferde dem Menschen haushoch überlegene Vorbilder und Anreger sein können. Schließlich sollte Horse-Sense das Kürzel für den Appell zur einfühlsamen statt gewaltsamen Kommunikation und Führung werden.

Es ist schon oft erstaunlich, mit wie viel Unwissen und Unsicherheit hinter egoistischen Machtansprüchen und ängstlicher Erfolgsgetriebenheit so genannte Reiter Zaumzeug und Peitsche, Zuckerstück und Rübe einsetzen, um ihren Willen mit Zwang und Druck oder mit Einschüchte-

Horse-Sense = »gesunder Menschenverstand«

rung und Schmeichelei durchzusetzen. Wenn wir in diesen Satz statt Reiter Manager einsetzen, müssen wir dann die Parallelen zu Themen wie Arbeitsplatzsicherheit, Prämien etc. noch übersetzen?

Die gewalttätige Art, mit dem Partner Pferd umzugehen, gibt es – in erfreulich abnehmendem Maße – auch heute noch in manchen Reitställen und Reitschulen. Das wirkliche Lernfeld für die Entwicklung persönlicher Führungsqualität durch Einfühlung und Verständnis ist zumeist am Titel *Natural Horsemanship* zu erkennen. Das ist gleichermaßen die uralte Kunst, mit Pferden natürlich umzugehen, wie auch das aktuellste Konzept der harmonischen Partnerschaft von Mensch und Pferd.

Dieses hat daher auch keiner der bekannten »Pferdeflüsterer« erfunden. Sicher haben aber überragende *horse-men*, also »Pferdemenschen« wie Bill Dorrance (in Oregon), Monty Roberts (in Kalifornen) und Pat Parelli (in Florida), als Vorbilder und als Lehrer großen Verdienst an dieser Grundidee, die für Reiter so gültig ist wie für jede Führungskraft. In Europa hat der »Pferdeschamane« Klaus Ferdinand Hempfling zur Persönlichkeitsentwicklung mithilfe des Partners Pferd eigenwillige und provokante Akzente gesetzt. Seine Erfahrungen in der Arbeit bei und mit ihnen hat der Österreicher Reinhard Mantler zu seiner eigenen überzeugenden Führungspraxis für Reiter und Manager zusammengefasst.

Durch Gewalt, Bedrohung und Einschüchterung kann man jemanden gefügig machen. Er wird dadurch zur willenlosen Kreatur oder zum lauernden Taktiker, der jede Gelegenheit nutzen wird, diesem Druck zu entkommen und sich für ihn zu revanchieren. So erhält man eine er-

Horse-Sense = »gesunder Menschenverstand«

zwungene Leistung, keine Höchstleistung. Es gibt aber auch einen anderen Weg, das Dominanzverhältnis auf natürliche Weise zu regeln. Der heißt für Reiter *Natural Horsemanship*. Für das Führen von Mitarbeitern in wirtschaftlichen Unternehmen und anderen Organisationen nennen wir diesen Weg Leadership by Horse-Sense. Er ist getragen von folgender Überzeugung:

Führen heißt nicht Dominieren und nicht Manipulieren, nicht Nötigen und nicht Bedrohen. Führen heißt aber auch nicht Betteln und nicht Anbiedern, nicht Verführen und nicht Bestechen.

Führen ist als Dienst an einer Gruppe oder an Individuen ein Angebot von Kontakt und Geborgenheit, um sich miteinander an Aufgaben zu entwickeln, die man gemeinsam sinnvoll und erstrebenswert findet. Dazu ist fachliche Kompetenz eine notwendige Basis und emotional intelligent gehandhabte soziale Kompetenz der unverzichtbare Aufbau. Denn:

> People don't care how much you know,
> before they don't know how much you care.*

Achtsamkeit im Sinne der vollen Präsenz im Hier und Jetzt ist die erste Lektion, die uns – als verstandener Mythos, anregende Metapher oder auch lebendiges Wesen – das Pferd mit seinen unglaublich geschärften Sinnen vermittelt.

Vertrauen ist es, was dazu gegeben und aufgebaut werden muss. Das Pferd hat wie der Mensch das Bedürfnis nach

---

* Sinngemäß: Leute kümmern sich nicht darum, wieviel du weißt, bevor sie nicht wissen, wieviel du dich um sie kümmerst.

Horse-Sense = »gesunder Menschenverstand«

Schutz und Geborgenheit unter starker Führung. Es wählt daher in jedem Moment, wem es vertraut und sich anvertraut.

Respekt schließlich ist die notwendige Ordnungsbasis, auf der das Zusammenleben in sozialen Strukturen sich gründet – in der Herde auf der Koppel oder in der Steppe genauso wie im Unternehmen und in anderen Organisationen.

Das Zusammenspiel dieser drei Qualitäten ergibt wohl das, was wir als Führungscharisma bewundern und erstreben. Wir sollten nur nicht der Versuchung erliegen, sie als Technik im Dienst des Egotrips erlernen zu wollen. Denn eine Gnadengabe ist nicht einfach lernbar und machbar.

Sie sollte in Demut – dieser Form von Mut, die Managern in ihrem Macher-Wahn oft so unendlich fern ist – empfangen und ausgeübt werden. Die Chance, dieses Geschenk zu erhalten, vergrößert sich beträchtlich, wenn man Führung vom egozentrischen Machttrieb entfernt und als risikoreiche und daher auch Wagemut fordernde Leistung im Dienst einer gemeinsamen Aufgabe sieht.

Wenn sich solcherart Demut und Wagemut einerseits sowie emotionale und soziale Empfindsamkeit andererseits auf der Basis fachlicher Kompetenz mit dem gesunden Menschenverstand, eben dem Horse-Sense, verbinden, dann kann Führungscharisma das sichtbare Ergebnis sein.

> *»There's something about the outside of a horse that's good for the inside of a man.«*
> Amerikanisches Reitersprichwort

BEACHTUNG und ACHTSAMKEIT

Alexander und Bukephalos – I

»*Lasst ihn los! Lasst diesen Hengst sofort frei!*«, *brüllte Alexander mit der lautesten Stimme, für die seine Jünglingsbrust Resonanzkörper sein konnte.* »*Bei Zeus, quält dieses Tier nicht weiter! Geht ihr mit den Tieren unseres Stalles auch so gefühllos um?*«

Verunsichert schauten die Knechte, auf die der junge Prinz im selben Moment zulief, zu ihrem Stallmeister und dieser zu seinem Herrn, Philipp, König von Makedonien. Der stand mit einer Gruppe von Männern – es waren Fürsten, Führer des Reiterheeres sowie einige Zureiter – auf einer kleinen Anhöhe neben dem Reitplatz. Dieser war im Halbkreis von den königlichen Pferdeställen umgeben, auf der anderen Seite öffnete er sich zu einem Olivenhain, der in die hügeligen, mit vielerlei Buschwerk bewachsenen Weideflächen überging.

Philonikos, der Thessalier, der dem Königshof schon so manches edle Pferd geliefert hatte, war wieder einmal eingeladen worden. Er hatte versprochen, würdige Blutauffrischung für den Reitstall des Königs anzubieten. Philipp war sich der Bedeutung seines Namens – Pferdefreund – bewusst und pflegte seine Vorliebe zu diesen Tieren auch mit einem erlesenen persönlichen Reitstall.

Einen fertig ausgebildeten, in allen Gliedern und Gelenken beweglichen Hengst hatte Philonikos schon vorgeführt. Mit

Alexander und Bukephalos – I

dem Stoßspeer in der Hand, hatte er auf dem prächtigen Braunen eine Attacke simuliert, dann ließ er das in jeder Muskelfaser trainierte Tier hochsteigen und auf der Hinterhand wenden. Pferd und Reiter waren als Einheit von Vitalität und Kampfesstärke in ihrem Zusammenspiel eine Augenweide. Philipp war begeistert und warf zu Alexander einen Blick, der zwar Frage sein sollte, aber keine andere Antwort als Einverständnis erwartete und wohl auch nicht zugelassen hätte. In diesem Blick lag der väterliche Stolz auf einen Sohn, mit dem man schon über solche Männersachen kompetent reden konnte, auch wenn er gerade erst knappe fünfzehn war.

Auch Aristoteles, den der König erst kürzlich als Lehrer für den jungen Alexander an den Hof geholt hatte, war immer wieder von seinen klugen und hartnäckigen Fragen überrascht worden. Beeindruckt war er auch, wenn er mit Alexander und den Fürstensöhnen, die mit ihm unterrichtet wurden, Xenophons »Reitkunst« las und der Prinz die Unterrichtsstunden mit seinen eigenen Pferdeerlebnissen ergänzte.

Der Braune war also gekauft, und neun Talente waren ein stattlicher, aber angemessener Preis. Mit Philonikos, dessen Lebensprogramm wohl seine Eltern mit der Namensgebung – der Ehrgeizige oder auch Rechthaberische – geprägt hatten, war nicht zu handeln. Hier wurde nicht gefeilscht, hier wurde unter Partnern, die einander achteten, über Qualität und deren fairen, wenngleich mitunter recht stattlichen Preis gesprochen.

Deshalb wusste der Thessalier auch, dass er den nächsten Schritt ruhig wagen könne: »Ihr meint, König Philipp, das wäre mein bestes Pferd? Nun ja, das beste zugerittene ist es wohl, aber ein vielfach größeres Potenzial steckt in diesem da. Der hat deshalb auch die Hälfte mehr an makedonischer Münze zum Preis.«

»Lasst sehen! Welches Pferd, meinst du, sei mehr als 13 Talente wert? Das ist ja der Monatssold von 1500 Soldaten!«, war Philipp nun neugierig geworden.

Da brachten die beiden Helfer des Philonikos, unterstützt von drei Stallknechten des Hofs, einen schwarzen Hengst herbei mit unregelmäßigen weißen Flecken und einem Schädel, der fast zu mächtig schien für den zwar hochgewachsenen, aber doch nicht wirklich massigen, wohl aber muskulösen Körper. Genau genommen führte eher das Pferd die Knechte vor, die Mühe hatten, ihm zu folgen oder gar seinen Weg zu bestimmen. Rundum staubte die trockene Erde, und das dunkle Fell dampfte silbern gegen das Sonnenlicht. Alle erschraken bewundernd vor der geballten Kraft, die selbst von fünf Knechten mit Zaumzeug und Stricken kaum zu beherrschen war.

Alexander hielt sich die Hand über die zusammengekniffenen Augen, um dieses elementare Schauspiel gegen die Sonne besser zu sehen. Immer wenn das Pferd zur Gruppe rund um den König schaute, schüttelte es wild seine Mähne, bäumte sich auf und verletzte dabei auch einen der Knechte.

»Das«, räusperte sich nun der thessalische Pferdehändler etwas verlegen wegen des unkontrollierten Auftritts, »das ist Bukephalos. Einen Stierschädel, wie euch sein Name sagt, haben wir ihn nicht nur wegen seines mächtigen Kopfes genannt. Wenn er einmal ruhig stehen würde, könntet ihr auch den weißen Fleck in Form eines Rinderkopfes auf seiner Stirn sehen. Er lässt kaum jemanden an sich heran, am ehesten noch am Abend, wenn er müde geworden ist ... Aber

Alexander und Bukephalos – I

wer mit ihm zusammenfindet, der hat ein Pferd, das Pegasos am nächsten kommt.«

Inzwischen war Bukephalos wieder hochgestiegen. Einen Helfer des Philonikos, der ihn daran hindern wollte, streifte er dabei mit den Vorderfüßen knapp am Kopf vorbei an der Schulter. Über seinem Schlüsselbein klaffte jetzt eine Platzwunde, die sein Hemd rot zu färben begann. Der Stallmeister ließ ihn durch einen anderen Knecht ablösen, und Philipp ließ den Vater des Aristoteles holen, der schon lange als Leibarzt in den Diensten der königlichen Familie stand.

Die Knechte, die sich und ihren Herrn nicht blamieren wollten, zogen nun noch fester an den Seilen, die an der Trense hingen. Schaum und Blut quoll aus den Nüstern. Das war der Moment, an dem Alexander sich mit seinem Aufschrei einmischte und auf die Knechte zulief.

Auf Alexanders flehenden Befehl und den fragenden Blick der Knechte und des Stallmeisters zum König, meinte Philipp aber: »Lasst den Hengst bloß nicht los! Führt ihn schnell wieder hinaus und nehmt ihn mit! Was nützt mir ein Pferd, das keiner reiten kann?« Erleichtert stimmten ihm die Umstehenden zu, die zur Sicherheit schon ein paar Schritte zu den Stalltüren gemacht hatten, um der tobenden Gewalt zu entgehen, die zu befürchten war, wenn die Knechte wirklich die Seile gelockert hätten.

Nur Alexander nicht. »Nein, lasst ihn los! Hier auf dem Reitplatz möchte ich ihn frei laufen sehen, Vater! Ich will ihn. Wir werden doch nicht auf das edelste Pferd verzichten, das wir je gesehen haben, nur weil hier keiner imstande ist, mit ihm umzugehen.«

Alexander und Bukephalos – I

Der bisherige Stolz des Vaters wich jetzt einer nicht verhohlenen Entrüstung. »*Du machst älteren und erfahreneren Reitern Vorhaltungen, als ob du's besser wüsstest und könntest als die? Du bist zwar hier der Königssohn, aber ein wenig Respekt vor den Älteren hätte dir dein Lehrer schon beibringen können!*«

»*Vor solcher Stümperei im Umgang mit einem Feuerteufel wie diesem kann ich keinen Respekt haben, Vater! Ich würde mit dem besser zurechtkommen als irgendeiner von denen da*«, *drängte Alexander weiter.* »*Lasst ihn los, er kann hier ohnehin nicht allzu weit rennen!*«

»*Und wenn du es nicht schaffst oder er gar davonläuft? Wer zahlt dem Philonikos dann den hohen Kaufpreis für etwas, das für niemanden mehr einen Wert hat?*«

»*Dann zahle ich seinen Kaufpreis. Du wirst bestimmen, worauf ich dann dafür in nächster Zeit zu verzichten habe!*«, *versprach und forderte der Prinz.* »*Wenn ich ihn aber reite, dann kaufst du ihn, Vater!*«

Langsam wich Philipps Entrüstung doch wieder dem väterlichen Stolz auf so viel Hartnäckigkeit wie auch Wagemut seines Sohnes, und er rief den Knechten zu: »*Also gut, lasst ihn frei – und geht auch schnell aus dem Weg, damit er euch nicht niedertrampelt!*«

Mit einem Ruck von beiden Seiten nach vorne rissen sie die blut- und schaumbedeckte Trense aus dem Maul. Bukephalos senkte den Kopf. Wie er ihn wieder hochwarf, holte er so tief Luft, wie er nur konnte, und schüttelte die Mähne. Diese Bewegung, welche die wieder gewonnene Freiheit erst ungläubig zu prüfen schien, setzte sich durch die Muskeln des

Alexander und Bukephalos – I

ganzen Körpers fort. Der Schweiß spritzte in alle Richtungen aus dem Fell. Dann rannte er los, nein, er schien zu fliegen, als ob er den Vergleich mit Pegasos gehört hätte und bestätigen wollte.

Alexander war darüber nicht bange, wusste er doch, dass der Reitplatz hier rundum mit gekalkten Balken abgegrenzt war. Die sind noch jedem Pferd ausreichende Schranke gewesen. Auch Bukephalos hielt an den weißen Querhölzern kurz inne und begann an ihnen entlangzulaufen. Dann sah er jedoch die Knechte wieder auf ihn zukommen, die ihm bis jetzt mit Gewalt ihren Willen aufzuzwingen versucht hatten. Da spannte sich sein Körper bis in jede Muskelfaser. Er rannte los und wuchtete mit einem Sprung über die grenzziehende Hürde. Seine Vorderfüße berührten schon wieder den Boden, als er mit den hinteren Hufen den Balken aus schenkeldickem Akazienholz zersplitterte.

Schon setzten der Stallmeister mit seinen Gehilfen und auch Philonikos an, ihn mit ihren Pferden zu verfolgen, als ihnen Alexander zurief: »*Bleibt hier, das ist mein Pferd! Ich hole es! Vater, gib mir deine Daphne!*« *Philipp war bewusst, dass auf seiner Stute Alexander die größte Chance hatte, dem geflüchteten Tier halbwegs nahe zu kommen. Sie war auch in der Herde der königlichen Pferde unangefochten die Leitstute, eine Rolle, die sie souverän behauptete.*

Der König winkte den Männern zu, sie sollten Alexander seinen Willen lassen, und bedeutete seinem Sohn auch, er könne Daphne haben. Er sagte nichts dazu, doch was er meinte, konnte man an seinem Gesicht und seiner Armbewegung ablesen. In Worten hätte es ungefähr so geklungen: »*Ich hab's dir ja gesagt, aber dieser jugendliche Übermut muss seine Niederlage selber spüren ...*«

Alexander und Bukephalos – I

Mit einem Sprung saß Alexander auf dem väterlichen Pferd und galoppierte mit ihm durch die vom Flüchtenden geschlagene Bresche im Koppelzaun. Nur mehr der Staub verriet ihm noch, in welche Richtung Bukephalos gerannt war. Von ihm selbst war nichts mehr zu sehen.

Daphne nahm die Verfolgung anscheinend mit Wettbewerbsehrgeiz auf. Alexander brauchte ihr keine Befehle zu geben. Sie schien zu wissen, worum es ging, und wäre wohl auch noch alleine weitergerannt, hätte Alexander sich nicht mehr im Sattel halten können. Anscheinend hatte auch sie an ihrem Artgenossen, der seinen Stierschädel gegen eine Handvoll Männer durchgesetzt hatte, Interesse gefunden. Um bei dieser wilden Jagd noch mit dabeizubleiben, musste Alexander auch seine ganzen reiterischen Fähigkeiten zusammennehmen, an denen er zum Glück keinen Mangel hatte.

Erst flogen die knorrigen Bäume des königlichen Olivenhains an ihnen vorbei, und Alexander presste sich eng an den Hals der Stute, um nicht von den Ästen auf den Boden gefegt zu werden. Dann ging die Jagd über die Wiesen, auf denen die Schafe aufgeregt aus ihrem Dösen und Kauen gerissen wurden, über Disteln und durch Hecken, die in Daphnes Fell einige Spuren kratzen und auch Alexander bis hinauf zu den Knien blutig schürften.

Das spürte er aber jetzt nicht. Er hatte nur einen Gedanken: Bukephalos wieder finden, um sich nicht vor dem Vater und seinen Freunden zu blamieren! Er glaubte nämlich, gesehen zu haben, warum der Hengst immer wieder so ungestüm hochgestiegen war: Der scheute vor seinem eigenen mächtigen Schatten! Wenn er das Pferd also wieder erreichte, musste er sich ihm so nähern, dass er die Sonne im Rücken hatte und Bukephalos dadurch seinen eigenen Schatten nicht

Alexander und Bukephalos – I

sehen konnte. Dann würde er versuchen, sein Interesse zu gewinnen, behutsam mit ihm Kontakt aufzunehmen und ihm Partnerschaft und Schutz anzubieten. Daphne könnte ihm da mit ihrer souveränen Ruhe sicher behilflich sein.

Über etwa eine halbe Stunde ging die atemlose Jagd durch trockenes Gebüsch und über Felder mit Gräben, in denen sie mehrmals fast zu Sturz gekommen wären. Dann wurde Daphne plötzlich langsamer, trabte noch ein paar lockere Schritte und blieb stehen. Nur kurz fragte sich Alexander, ob sie jetzt aufgegeben oder die Lust verloren hätte. Er schaute in die Richtung, in die sie die Nüstern hob, und sah ihn auch gegen die bereits tiefer gehende, orangerot werdende Nachmittagssonne: Bukephalos war stehen geblieben.

Daphne wusste offensichtlich, wie nahe sie ihm aufs Erste kommen durfte, ohne dass er von neuem flüchtete. Der Hengst begann Gräser zu rupfen, die Stute kaute an einem Strauch. Alexander blieb auf ihr sitzen, streichelte ihren Hals und behielt den Schwarzen mit den weißen Flecken aus den Augenwinkeln im Blickfeld.

Nun sollte das Spiel von Annäherung und Vorsicht, von Angebot zur Nähe und hinterfragendem Abtasten beginnen. Ihr Instinkt, das wusste Alexander aus der Lektüre des Xenophon, sagt Pferden, dass sie nicht allein leben können und wollen. Sie suchen Anschluss und brauchen Partnerschaft. Die gibt ihnen Schutz und verspricht ihnen Sicherheit. Deshalb macht sie für sie mehr Sinn als die völlige Freiheit und Unabhängigkeit.

Sie wissen instinktiv, dass sie zum Überleben im Freien die Herde oder zumindest eine Führung brauchen, die ihnen

Geborgenheit bietet. Darum musste Alexander ihm jetzt zeigen, dass er keine Angst zu haben brauche und sich ihm anvertrauen könne. Dazu musste er aber erst von ihm als möglicher Partner wahrgenommen werden.

Er wendete Daphne und ging mit ihr auf Bukephalos zu. Der ließ aber ein Verringern des Abstandes nicht zu, warf den Kopf hoch und rannte wieder los. Alexander nahm mit Daphne die Verfolgung wieder auf und versuchte, das Tempo zu erhöhen. Je näher sie ihm kamen, auch durch Abschneiden eines Wegbogens, umso schneller versuchte der Hengst zu werden und um so ängstlicher wirkten auch seine Bewegungen, wenn er immer wieder prüfte, wo seine Verfolger seien. Deshalb vergrößerten die beiden Verfolger wieder den Abstand, und der Hengst wurde langsamer. Als sie weit genug auseinander waren, rastete er wieder und begann aufs Neue zu grasen.

So ging es einige Male hin und her. Alexander lenkte dabei die Stute des Vaters in einem großen Bogen so, dass nun Bukephalos die beiden gegen die Sonne sah und dass ihn sein eigener Schatten nicht mehr irritierte, wenn er zu ihnen schaute. Der vor einer knappen Stunde wütend verängstigte Hengst hatte offensichtlich seinen inneren Druck im explosiven Galopp abreagiert und begann nun langsamer zu atmen, sich zu entspannen, ruhiger zu werden. Doch voll konzentriert war er mit seinen beiden Verfolgern beschäftigt und ließ sie keinen Moment aus den Augen. Misstrauen und Vorsicht waren noch wach, aber die Angst schien geringer zu werden.

Als Alexander diesen Wandel zu spüren glaubte, riskierte er es: Er wendete Daphne, und sie gingen einige Schritte in Richtung Abendsonne. Und wie er mit einer nur ganz leich-

Alexander und Bukephalos – I

ten Kopfdrehung zurückschaute, jubelte er innerlich: Bukephalos ging in ihre Richtung! Sie hatten seine Beachtung, seine Neugier, sein Interesse gewonnen.

Freilich war das erst ein bescheidener Anfang, denn als Alexander mit Daphne stehen blieb, hielt auch Bukephalos inne – und als sie sich zu ihm wendeten, lief er gleich wieder einige Schritte davon.

Sie hatten einen kleinen, aber wichtigen ersten Schritt geschafft. »Er hat uns wahrgenommen und er beachtet uns. Er ist bereit, sich für uns zu interessieren«, sagte Alexander zu Daphne. »Nun müssen wir auch sein Vertrauen gewinnen!«

Der erste Schritt:
Achtsamkeit bringt Beachtung

*»Als Equus tauchte es vor etwa
zwei Millionen Jahren auf,
das herrlichste Tier, das die Zeiten
hervorzubringen vermochten.«*

James A. Michener

Meister aller Sinne

Wie der Mensch ist das Pferd ein Herdenwesen. Es braucht zum Überleben auf die Dauer den Schutz der Gemeinschaft und lebt daher in Strukturen mit regulierenden Normen zusammen. Ein Zoon politikon, also ein soziales Wesen, nannte Platon den Menschen. Das klingt für unsere Eitelkeit annehmbarer als Herdentier, meint aber das Gleiche: Fürs Überleben und für die weitere Entwicklung brauchen wir Aufgabenteilung, Führung, Struktur, Orientierung in der Gemeinschaft.

Anders als der Mensch ist das Pferd ein Flucht- und Beutetier. Im Gegensatz zum Raubtier hängt sein Leben davon ab, wie schnell es eine Bedrohung erkennt und daraufhin gemeinsam mit seinen Artgenossen Unterhalt und

Geborgenheit absichert. Wenn ein Raubtier einen Angriff falsch einschätzt, plant oder durchführt, kann es sein Abendessen abschreiben. Es überlebt aber die Situation, wird seine Strategie ändern oder die Technik verbessern und aufs Neue mit der Jagd beginnen. Wenn ein Beutetier einen Angriff falsch einschätzt, dann *ist* es das Abendessen. Daher sind Pferde ständig achtsam, immer auf der Hut, jederzeit reaktionsbereit gegenüber Umgebungsreizen, andauernd ohne Pause hoch empfindsam für Gerüche und Bewegungen, für Töne und Berührungen.

Diese Wachsamkeit erfordert und schafft deswegen in der Evolution hoch entwickelte Sinne. Mit ihnen nimmt das Pferd Umweltveränderungen wahr, für die der Mensch schon lange – und erst recht seit seiner erfolgreichen Entwicklung vom *Homo sapiens* zum *Homo commodus socialis*, zum komfortgesicherten Bürger des sozialen Wohlfahrtstaates – blind und taub zugleich ist.

Bevor das Pferd etwa gleichzeitig mit dem *Homo erectus*, dem aufrecht gehenden Menschen, seine bisherige Gestalt erreichte, wuchs es über viele Jahrmillionen vom *Eohippus*, einem etwa hundegroßen Waldbewohner, über die Entwicklungsstufen *Meso-*, *Mio-* und *Pliohippus* heran zum Steppenbewohner als Beute-, Flucht- und Herdentier. Über die Landbrücke von Alaska wanderte es nach Asien aus und verbreitete sich von dort in vielfältigen Mutationen nach Europa und Afrika.

Die gemeinsame Geschichte begann vor etwa 50.000 Jahren: Das Raubtier Mensch jagte das Beutetier Pferd.»Der als Jäger und Sammler lebende eiszeitliche Mensch kannte das Pferd vom Atlantik bis nach Ostsibirien und bis in die Hochländer des Vorderen Orients. Knochenfunde aus den

Rückständen von Mahlzeiten lassen darauf schließen, dass er es nicht nur kannte, sondern auch jagte und sich von seinem Fleisch ernährte.«[3] In Ermangelung von Waffen, die aus der Entfernung wirksam waren, in der man an Pferde nur herankam, jagten Nomaden die Herden wilder Pferde vorwiegend zu Schluchten oder Klippen, über die sie zu Tode stürzten. Das zeigt zum Beispiel die Fundstelle der Gebeine von etwa 10.000 Pferden im französischen Salutre.

Gefangene Pferde für den Speisezettel zu halten, begann man etwa 4 000 v. Chr. Aus dem vierten Jahrtausend vor unserer Zeitrechnung gibt es auch die ersten Dokumente über Reiter in der eurasischen Steppe, aus dem dritten vorchristlichen Jahrtausend aus China und dem Nahen Osten. Das Pferd ins Joch von landwirtschaftlichem und militärischem Gerät zu spannen, ging seiner Nutzung als Reittier dabei überall einige Jahrhunderte voraus.

Die erste schriftliche Überlieferung über den Umgang mit diesem Tier sind die Anleitungen zum Pferdetraining des Kikkuli, der um etwa 1 350 v. Chr. als Stallmeister seinem König Suppiluliuma zu großer Macht verhalf. Nachdem dieser seinen Bruder vom Thron der Hethiter im östlichen Kleinasien gemordet hatte, kaufte er eine riesige Herde von Pferden und ließ diese zu weithin gefürchteten Kampftieren ausbilden. Kikkulis Intervalltraining entwickelte zuerst starke Beine und kräftigte das Herzmuskelsystem, daran schloss sich ein Training des neuromuskulären Systems mit Erholungspausen und Schwimmen. Die über 3000 Jahre alte Methode wurde 1991 an der University of New England mit absolut überzeugenden Fitnessergebnissen getestet und erfüllte beziehungsweise er-

---

3 Arnim Basche: »*Geschichte des Pferdes*« (Künzelsau 2000).

Der erste Schritt: Achtsamkeit bringt Beachtung

weiterte den neuesten Wissensstand über Aufzucht und Training von Pferden.

Etrusker und Skyther zeichneten sich im letzten vorchristlichen Jahrtausend als Reitervölker aus. Sattel, Zaumzeug und Steigbügel dagegen wurden zuerst von den Chinesen entwickelt.

Der Athener Xenophon (430–355 v. Chr.) legte die wichtigsten Grundlagen über Ankauf und Schulung des Pferdes sowie die Ausrüstung und das Verhalten des Reiters literarisch fest. Wichtig war ihm die Kenntnis der Mentalität des Pferdes, aber vor allem die geistige Einstellung zum Pferd als Partner. In seinem Werk »Über die Reitkunst« (Peri Hippikes), das lange Zeit unbeachtet und verschollen war und im 16. Jahrhundert wieder entdeckt und erst in den letzten Jahren von immer mehr Reitern beachtet wird, schreibt er:

»Niemals ein Pferd im Zorn zu behandeln ist für das Pferd die beste Lehre und Gewohnheit. Es ist etwas Unbedachtsames um den Zorn, sodass er oft etwas bewirkt, was man bereuen muss. Wenn ein Pferd vor etwas scheut und nicht darauf zugehen will, soll man es belehren, dass das Ding nicht zu fürchten ist; das gilt besonders bei einem ängstlichen Pferd.

Kann man mit besänftigenden Worten nichts erreichen, muss man selbst das, was dem Pferd so furchtbar und schreckeinjagend erscheint, berühren und dann das Pferd durch sanfte Behandlung auch heranführen.

Die Menschen aber, die es mit Schlägen zwingen wollen, machen ihm noch mehr Furcht, denn die Pferde glauben dann, wenn sie bei solchen Dingen eine harte Behandlung erfahren, dass das, wovor sie scheuen, daran schuld sei.«

Im Niedergang der hellenischen Kultur ging bei den Römern auch dieses Wissen und das Feingefühl im Umgang miteinander unter – und damit ist nicht des Menschen Beziehung zu Tieren allein gemeint. Doch Alexander, den sein Lehrer Aristoteles auch mit dem Werk und den Gedanken des Xenophon vertraut gemacht hat – er war gerade um die Zeit der Geburt des makedonischen Prinzen gestorben –, wusste um die Bedeutung der Achtsamkeit im Umgang mit so empfindsamen Wesen wie Pferden. Und dieses Verständnis hatte Alexander, der noch keine 15 Jahre alt war, vermutlich weniger in der Form des Wissens im Kopf, sondern als Verstehen im Herzen.

Achtsamkeit ist die erste Qualität von Führungscharisma, und in der Begegnung mit Bukephalos wurde sie an Alexander dem Großen erstmals für andere sichtbar und spürbar. Er verstärkte nicht – wie die anderen – die Gewalt, als das Pferd sich nicht fügte, sondern er schärfte seine Wahrnehmung und verstärkte sein Interesse an diesem Tier. Er wollte ergründen, was es daran hinderte, hier Partner sein und sich anschließen zu wollen.

So hatte er wahrgenommen, dass dieses Pferd immer scheute und hochging, wenn es seinen eigenen mächtigen Schatten sah. Wäre es weiter gezüchtigt worden, sobald es vor seinem Schatten scheute, hätte es verständlicherweise – genau wie es Xenophon beschreibt – den Schatten für den Verursacher des Schmerzes gehalten und so seine Angst davor weiter aufgebaut.

Gewalt ist kein Mittel, um Angst zu bewältigen. Das erleben Pferdebesitzer, wenn sie versuchen, ihr Pferd mit Gewalt in einen Anhänger für eine Reise zu verladen. Führungskräfte erleben es, wenn sie versuchen, als unrea-

Der erste Schritt: Achtsamkeit bringt Beachtung

listisch oder sinnlos empfundene Aufgaben, Ziele, Projekte mit Drohungen durchzusetzen. Das bringt weiteren Widerstand, Trotz, Frust, Stress. Das verursacht weitere Angst und zusätzliche Fehler.

Die Ablehnung von Gewalt bedeutet nicht den Verzicht auf Druck. Gerade das ist von und mit Pferden und durch sie so glasklar erlebbar: Es gibt Formen von Druck, die auf Einfühlung und Verständnis beruhen. Sie bewirken oder vergrößern nicht Angst, sondern schaffen Klarheit und vermitteln Sicherheit.

Das rechte und annehmbare Maß von Druck ist der Ausdruck eines klaren Willens, nicht einer aufgestauten Emotion. Pferde akzeptieren diesen rechtzeitig Orientierung gebenden Druck, der nicht länger anhält als nötig. Sie übersehen, überhören und übergehen zu geringen Druck und sie widersetzen sich zu starker Anforderung. Führungsproblem des Manageralltags ist immer wieder der lange aufgestaute Druck, der dann oft unerwartet ausgeübt und nachtragend aufrechterhalten wird.

Erste Lektion des Horse-Sense ist daher dieses einfühlende Verstehen als Grundlage für den gefühlvollen Umgang mit richtungweisendem Druck. Das verlangt verstärkte Achtsamkeit und Zuwendung zum Partner Pferd oder Mensch, die nicht an Bedingungen von Leistung oder Wohlverhalten geknüpft sein darf.

Wer dieses Basisinteresse am Gegenüber nicht aufbringt – mag sein, dass ihn Menschen einfach viel weniger interessieren als Fakten, Daten, Zahlen –, der wird in noch so vielen Lektionen über erfolgreiches Management Führungsqualität nicht wirklich erreichen. Er wird das

Ausmaß seiner sozialen Inkompetenz weiterhin als mangelnde Leistungsbereitschaft seiner Mitarbeiter missverstehen.

Wie sehr wir für kompetente Führungsarbeit unsere Sinne schärfen müssen, ist mittels Horse-Sense erlebbar. Leadership by Horse-Sense meint daher zuerst ein (Re-)Aktivieren der sinnlichen Wahrnehmungsfähigkeit, in der uns Pferde um Welten voraus sind.

Offensichtlich verlief diesbezüglich die gemeinsame Geschichte recht gegenläufig: Während der Mensch sich gegen Bedrohungen mit Mauern und Waffen zu schützen begann und die Verfeinerung der Sinne an technische Geräte delegierte (bis zum Teleskop und Nachtsichtgerät und zur satellitengesteuerten Abhöranlage), musste das Pferd zum Überleben seine natürlichen Sinne schärfen.

Nur an ihren Fingerspitzen sind Menschen ähnlich empfindlich wie das Pferd an seiner ganzen Körperoberfläche. Es spürt das Landen einer Fliege auf seinem Fell und reagiert mit einem gezielten Hautzucken an dieser Stelle. Ob ein Reiter verspannt und nervös ist oder entspannt und locker, spürt das Pferd an der Haltung des Reiters durch Sattel und Filzdecke hindurch, an seinem Beindruck, seiner Atmung, seiner Stimme, seiner Armhaltung.

Erdbeben fühlen Pferde bekanntlich – so wie manche anderen Tiere auch – lange bevor hoch entwickelte Seismographen ausschlagen, geschweige denn Menschen es spüren. (Das mag auch für manchen Pferdebesitzer ein Hinweis darauf sein, warum es für viele Pferde lange Zeit, bis sie dazu ausreichend Vertrauen gefasst haben, keinen größeren Horror gibt, als in einen Autoanhänger verladen zu werden. In dieser Folterkammer kommen gleich zwei Bedrohungen zusammen: stundenlanges Erdbeben auf Landstraßen und Autobahnen und vor allem der Verlust von Freiraum und Fluchtmöglichkeit.)

Mit seinem Geruchssinn erspürt das Pferd auch auf große Entfernung Wasser, Futter, Raubtiere oder paarungsbereite Artgenossen. Auch Angstschweiß oder der Geruch von Menschen, mit denen es schlechte Erfahrungen gemacht hat, ist ihm sofort Signal und Information.

Mit diesem Sensorium erfassen Pferde auch die Wetterlage schneller als Menschen: Vor schweren Gewittern oder Stürmen erhöht sich die Aerosolkonzentration in der Luft. Nicht so sehr wie bei einem Erdbeben, aber offensichtlich genug, dass der sensible Organismus eines Pferdes darauf reagiert und ihm ein Signal gibt, Deckung zu suchen.[4]

Jedes der beiden Ohren kann unabhängig vom anderen um 180 Grad gedreht werden und ist ständig mit der Suche und Identifikation von Geräuschen beschäftigt. Wie ins All gerichtete Antennenschalen sind sie ständig auf Empfang – sogar im Schlaf, der in freier Wildbahn vor allem aus Fünfminuten-Nickerchen im Stehen besteht. Ein spezieller Ver- und Entriegelungsmechanismus der Beine sorgt dafür, dass sie beim leisesten Anlass hellwach losgaloppieren.

Besonders faszinierend ist auch das Sehvermögen von Pferden: Die beiden Augen können unabhängig voneinander (monokulares Sehen) oder koordiniert (binokulares Sehen) arbeiten. Getrennt hat jedes Auge ein Gesichtsfeld von 170 Grad, auf die Rundumsicht fehlen also nur 20 Grad.

---

4 Sibylle Luise Binder/Gabriele Kärcher: »*Horse Feelings*« (Stuttgart 2001).

(Einen toten Winkel, den man bei der Annäherung besser kennen sollte, hat es daher nur unmittelbar vor der Schnauze und hinten im Bereich des eigenen Körpers.)

In diesem Modus fehlt aber dem Wahrgenommenen die Tiefenschärfe. Die erste Reaktion auf Neues oder Veränderung im Sichtfeld ist daher Vorsicht und Misstrauen, die zweite ist das das Scharfstellen des Bildes. Dafür wird der Kopf oft zum binokularen Sehen so gewendet, dass das Objekt für beide Augen sichtbar wird. So manches wilde Herumwerfen des Kopfes ist daher nicht Ungestüm, sondern Teil des Wahrnehmungs- und Orientierungsprozesses zur Überlebenssicherung.

Die leiseste Weltsprache

Die Sprache der Pferde ist so »leise« in ihren Bewegungen, dass vor allem der Machtmensch, der Auge und Ohr für nichts anderes hat, als sich wahrzunehmen in tausendfacher Projektion in der Umwelt, nicht die geringste Chance hat, sie mit seinen Sinnen aufzunehmen.

Das hoch sensible Gegenüber aber nimmt das wahr, was wir gar nicht sagen wollen, aber durch unsere Körpersprache ungewollt doch über uns preisgeben: Nähe, Distanz, Zuwendung, Abweisung, Entschlossenheit, Zögerlichkeit, Schutz, Bedrohung, Freude, Angst ... – alles, was wir mitteilen (oder auch verbergen!) wollen, wird in dieser Sprache ausgedrückt und vom empfindsamen Partner Pferd »gehört«, das heißt in diesem Fall aus der Körpersprache gelesen.

Das Pferd reagiert nicht auf das, was wir sagen, sondern auf das, was wir meinen – auch wenn's uns gar nicht bewusst ist. Das ist ja auch einer der Gründe, warum zu Monty Roberts[5], der diese Sprache »Equus« nennt, auf seine Farm in Kalifornien oder in Österreich zu Reinhard Mantler (in Wolfern bei Steyr) und auch zu den wenigen anderen wirklichen »Pferdeflüsterern«, die das »Natural Horsemanship« praktizieren und lehren, neben Reitern immer mehr Manager kommen.

Die sitzen dann gar nicht auf dem Pferd, sondern lernen in abwechslungsreichen Spielen auf dem Boden Leadership by Horse-Sense. Hier erfahren sie zum Beispiel durch das Feedback von Pferden, wie wenig glaubwürdig oder überzeugend sie oft wirken, wenn sie sich für bestimmt, klar und entschlossen halten. »Denn Pferde sind Meister der Körpersprache und entlarven uns sofort in unserer Widersprüchlichkeit.«[6]

In dieser Sprache sind Pferde auch ständig miteinander im Gespräch. Die Rangordnung im ganz klar strukturierten sozialen Verband einer Herde wird durch winzige »leise Wörter« der Körpersprache viel häufiger geklärt als durch wilde Rangeleien. Eine Drehung des Ohrs, eine Veränderung der Kopfneigung oder ein Blick sagen und bewirken in der Sprache Equus mehr als oft in der menschlichen Geschäftssprache ein stundenlanges Meeting ...

Das alles hat der Makedonierprinz Alexander sicher nicht kognitiv gewusst, wohl eher intuitiv und fraglos gespürt. Er hat nicht – wie sein Vater, dessen Freunde und Knechte – seine Vorstellung vom gebührenden Verhalten einer

---

5 Monty Roberts: »*Das Wissen der Pferde – und was wir Menschen von ihnen lernen können*« (2000).
6 Susanne E. Schwaiger: »*Der Weg mit Pferden – Ein Weg zu mir*« (2000).

Die leiseste Weltsprache

(königlichen) Autorität gegenüber und auch nicht seine Erfahrungen aus dem Verhalten anderer Pferde auf Bukephalos übertragen. Er war aufmerksam, er war achtsam wahrnehmend, er hat dem anderen Zuwendung, Beachtung, Interesse für sein Wesen und sein Verhalten gegeben.

Er hat nicht seine Welt des Sehens und Erlebens auf ein anderes Individuum projiziert, sondern war offen für die Sicht- und die Ausdrucksweise des anderen. Diese Achtsamkeit und Empathie brachte ihm nicht nur in der Wette mit seinem Vater Erfolg, sondern auch später als Heerführer und Herrscher des ersten »globalisierten« Imperiums. Dort war es seine Ambition, fremde Kulturen nicht zu unterdrücken, sondern als Anregung und Erweiterung für die eigene bisherige zu integrieren.

Durch diese achtsame Wahrnehmung und einfühlsame Zuwendung erkannte er, dass Bukephalos nicht so sehr wild und ungestüm war, sondern vor allem ängstlich und verunsichert. Da er bisher hauptsächlich in einem großen Stall ohne direktes Sonnenlicht gehalten worden war, hatte er Angst vor dem eigenen Schatten. Alexander übte keine Gewalt und keine Bedrohung aus. Er wandte sich ihm zu und zeigte ihm, dass von diesem mächtigen Etwas keine Gefahr ausgeht. So bekam er auch die Beachtung und Akzeptanz durch sein Gegenüber.

Wie leise die Sprache ist, die ein Pferd verstehen kann, wird auch durch die unglaublich scheinende, aber doch historisch belegte Geschichte vom »Klugen Hans« illustriert. (Sie wird übrigens auch gerne als Warnung vor der unbewussten Beeinflussung wissenschaftlicher Forschung durch den Beobachter verwendet.)

Der erste Schritt: Achtsamkeit bringt Beachtung

Der pensionierte Lehrer Wilhelm von Osten rühmte sich seiner pädagogischen Fähigkeiten und dass diese auch vor einem Pferd nicht Halt machten. Diesem könne er nämlich das Rechnen ebenso beibringen wie einem Kind. Nach zwei Jahren intensiven Unterrichts demonstrierte er 1888 stolz und zufrieden, was er seinem Pferd Hans beigebracht hatte: Addieren, Subtrahieren und andere Rechenkunststücke. Durch Aufstampfen mit den Hufen gab Hans die richtigen Antworten. Der Ruf des rechnenden Pferdes verbreitete sich über Europa.

Nach sechs Jahren untersuchte eine Kommission mit Tierärzten, Zoologen unter der Leitung des Berliner Psychologieprofessors der Carl Stumpf die Sache. Sie wurde von Hänschens Fähigkeiten überzeugt und bestätigte dem Lehrer, dass hier kein Betrug oder Schwindel vorlag: Hans konnte – nun auch von der Wissenschaft belegt – rechnen.

Erst als der Psychologe Oskar Pfungst das Phänomen mit gründlichen Versuchanordnungen unter die Lupe nahm, erwies sich, dass Hans kein Mathematiker, sondern »nur« ein höchst feinsinniges Pferd war: Aus unwillkürlichen und unbewussten Reaktionen seines Lehrers oder des Publikums erkannte er, wann er bei der gewünschten Zahl angekommen war.

Pfungst konnte nachweisen, dass schon »eine Kopfbewegung um einen Fünftelmillimeter« (wie immer man diese damals gemessen haben mag) ausreichte, um dem klugen Hans mitzuteilen, er könne jetzt mit dem Klopfen aufhören. Sein Lehrer war sich dieser unbeabsichtigten Manipulation tatsächlich selbst gar nicht bewusst.

Das Pferd konnte nicht rechnen, aber es konnte die in unbeabsichtigte Körpersprache übertragene Erwartungshaltung lesen – eine kommunikative Fähigkeit, in der es jedem Menschen haushoch überlegen ist. Im Gegensatz zur Banalität, Ziffern zusammenzuzählen, nimmt einem das auch nach wie vor kein Taschenrechner und nicht der schnellste Computer ab. Was sollten wir daher nicht alles dafür geben, dieser Fähigkeit in Ansätzen teilhaftig zu werden!

Führungsgaben im Gegengeschäft

Die Gaben des Führungscharismas sind nicht im Einbahnverkehr erhältlich, sie gibt's auf längere Sicht nur im Gegengeschäft. Wer Beachtung, Aufmerksamkeit und Wertschätzung von seiner Umwelt will, muss sie in diese zuerst investieren.

Die erste Lektion, die wir als Führungskraft aus dem Horse-Sense lernen können, ist daher, hingewiesen zu werden auf:

➢ *Achtsamkeit, Präsenz* und *Wachsamkeit mit allen Sinnen* – auch wenn diese nie so geschärft sein können wie die unseres vierbeinigen Entwicklungspartners in der Weltgeschichte – sowie

➢ *Einfühlung* und vorurteilsfreie *Zuwendung*, um *Aufmerksamkeit, Beachtung* und *Wertschätzung* zu geben und zu erhalten.

Freilich gibt es zur Entwicklung dieser Qualitäten Seminare und Literatur mit vielen Übungsprogrammen. Seit »emotionale Intelligenz« zum durchaus lesens- und empfehlenswerten Bestseller mit zahlreichen Nachfolgehits geworden ist[7] und auch Meister der Verinnerlichung – die Titulierung ist durchaus nicht zynisch gemeint – aus unterschiedlichen kulturellen und religiösen Herkünften Vortragssäle, Kongresshäuser und auch das Internet nicht scheuen, ist das Angebot dazu wohl überkomplett.

Herman van Veen, der poetische musikalische Clown aus Holland, singt dazu: »Es ist inzwischen Mode, verinnerlicht zu sein – man lauscht in sich hinein und ist ergriffen. Seltsam dabei ist nur, dass die, die sich nach innen so verfeinern, nach außen immer mehr versteinern ...«[8] So läuft's halt, wenn diese Themen als Techniken mit dem per Seminarticket gleich mitgebuchten Garantieschein für Erfolg und Zufriedenheit mit anschließender Erleuchtung »in Angriff« genommen werden.

Auf dem Weg zu den oben erwähnten Qualitäten begegnet die Führungskraft – auch wenn sie sich ihr nicht stellt – unweigerlich der vielleicht zunächst banal erscheinenden Frage: Mögen Sie Menschen? Das heißt: Haben Sie auch gerne mit Leuten zu tun?

Oder sind das die notwendigen unvermeidlichen Begegnungen auf dem Weg zur Erfüllung von Zweck- und Sachinteressen, und sind Ihnen die Beziehungskisten ein Gräuel, die da unnötigerweise mitten in der Arbeit immer wieder ungeniert offen oder auch versteckt und getarnt so herumstehen, dass man sich Beulen und offene Wunden daran schlägt?

---

[7] Daniel Goleman: »Emotionale Intelligenz« (1997), »Der Erfolgsquotient« (1998), mit R. Boyatzis und A. McKee: »Emotionale Führung« (2002).
[8] Hermann van Veen: »Der Trommler« (Lied auf der CD »Von der Anziehungskraft der Erde«).

Führungsgaben im Gegengeschäft

Leben Sie vielleicht auch noch in der Illusion, dass die Aufgaben von Projektteams, geschweige denn Strategie- und Organisationsthemen, sachlich zu lösen sind, nötigenfalls auf klarem hierarchischem Entscheidungsweg, und dass da Emotionen nichts verloren haben? Halten Sie vielleicht auch Mitarbeiterentwicklungsgespräche für verzichtbaren Sozialklimbim, den man sich leistet, solange das Erfolgspolster dick genug ist? Oder für pflichtschuldiges Checklisten-Abhaken, weil's fürs nächste ISO- oder T(otal)Q(uality)M(anagement)-Audit erforderlich ist? Denn im Vergleich von Unternehmensleitbild und Wirklichkeit bleibt ja doch immer wieder die Frage offen: Ist der Mensch bei uns Mittelpunkt? Oder ist er Mittel? Punkt.

Auch wenn ein Unternehmen nur Mitarbeiter sucht und einstellt – was es bekommt, sind *Menschen*. Und die gibt's nicht steril abgepackt ohne emotionales Zubehör. In der Gegenrichtung sieht's nicht weniger »unsachlich« aus: *»People join companies and leave managers«*, schrieb man bei Hewlett Packard den Führungskräften ins virtuelle Poesiealbum – zumindest zu den Zeiten, als man in dieser Branche noch mehr mit Einstellungen als mit Freisetzungen beschäftigt war ...

Also: Mögen Sie Menschen, und zwar so kompliziert, wie sie sind – und nicht so pflegeleicht, wie Sie diese gern haben möchten? Und welche halbwegs glaubhaften und vertrauenswürdigen Informationen bekommen Sie auf welchem Weg darüber, wie Sie von diesen dann als Führungskraft beachtet, akzeptiert und wertgeschätzt werden?

Der freiwillige bis gar interessierte und angestrebte Zugang zum empathischen Beziehungsgespräch unterliegt –

nicht anders als im privaten Bereich (»So sprich doch mit mir ...«) – auch im beruflichen Ambiente einem recht deutlichen Frau-Mann-Gefälle.

Warum das so ist, erklärte (vor und nach vielen anderen) höchst überzeugend John Grey[9] mit der Metapher, dass Männer vom Mars und Frauen von der Venus abstammen. Seit sie gemeinsam die Erde besiedelt haben, sollten sie besser Dolmetscher einsetzen, welche das rationale, lösungsorientierte Marsisch in das indirektere, beziehungsorientierte Venusisch übertragen.

Das führt uns aber auch zum nächsten Bestandteil der immer noch ersten Lektion aus der Begegnung mit Pferden und auch ein Stück weit hinein in den jahrtausendealten, Religionen und Kulturen verbindenden Mythos Pferd.

Frau und Mann und Pferd

Ob das Gegenüber nun Pferd oder Mitarbeiter heißt: Aufmerksamkeit, Akzeptanz und Wertschätzung sind nur gegen Zuwendung und Interesse erhältlich. Ins Rennen um diese emotionalen und sozialen Qualitäten der Führungskunst gehen Frauen – natürlich nicht in jedem individuellen Einzelfall, wohl aber im statistischen Durchschnitt – mit einem gewissen Startvorsprung.

Die halbwegs wertfreien Anteile gründlicher Gender-Forschung belegen inzwischen, dass der spontane Griff zu Puppe oder Auto, also zu Beziehung und Emotionalität oder Sachgerät und Funktionalität, bei allem Respekt vor der

---

9 John Grey: »*Männer sind anders. Frauen auch*« (München 1992).

weiteren sozialen Prägung doch zunächst biologisch bedingt ist. Und dass im GTI- oder Harley-Davidson-Club der männliche, dagegen im Reitclub der weibliche Anteil bei 80 Prozent liegt, wird wohl keiner mit Zufall abtun wollen.

Im Gegensatz zur Bearbeitung eines Fußballs oder eines Formel-1-Autos als Freizeit- oder Leistungssport ist die Beschäftigung mit einem Pferd tatsächlich das, wofür Psychologen den schaurigen Begriff Beziehungsarbeit gefunden haben. Die Empfindsamkeit für die leisen Zwischentöne, für die kaum sichtbaren Bewegungen in verbaler und nonverbaler Kommunikation – also tatsächlich die Kunst des »Klugen Hans« (siehe oben) – ist zweifellos die Qualität des weiblichen Prinzips, des rechten Gehirns, des vom aggressiven Raubtier dominierten Beutetiers. (Auch wenn ich mich an dieser Stelle Ortega y Gassets Sicht nicht verschließen kann: »*Frauen sind die Beute, die dem Raubtier auflauert*« – aber das nur nebenbei und nicht wirklich ganz zur Sache …)

In der Verbindung Mensch/Pferd gibt es offensichtlich historisch einen großen Aufholbedarf für Frauen: Die Nähe zum Pferd war über Jahrtausende dem Mann vorbehalten. Nur außerhalb der geordneten Gesellschaft, jenseits von Normen und Regeln kamen Frauen, denen man(n) dann auch gleich alles Weibliche absprach, den Pferden nahe: Amazonen, Nymphen, Hexen und andere Fabelwesen oder eine Jungfrau von Orléans. »Das Pferd ist das Symbol für Freiheit und Heldentum, für Kampf, für Ritterlichkeit, Ruhm und Ehre … Zumindest in der nichtmythologischen Welt bedurfte es weniger, genauer gesagt keiner Worte, dieses alles unverrückbar dem Mann zuzuordnen.«[10]

---

10 Klaus Ferdinand Hempfling: »*Frau und Pferd – Tanzen zwischen den Welten*« (1999).

Der erste Schritt: Achtsamkeit bringt Beachtung

Dass auf einem solchen Symbol des Männlichen eine Frau auch noch mit geöffneten Beinen sitzen würde, fand man aus Argumenten verklemmter Spießigkeit untragbar. In einer Welt, in der Männer ihren Zugang zur Macht und zu deren Insignien und Symbolen hüten, wurde und wird auch weiterhin gerne mit Anstand, Sitte und Moral argumentiert und auch nicht einmal mehr von Frauen hinterfragt, was vor allem eine verschleierte Nuance der Unterdrückung ist. (Es handelt sich hier wohl um die abendländisch reduzierte, sublimierte und akzeptierte Form der Infibulation, der weiblichen Genitalbeschneidung.)

Damensitz und Damensattel stellen ja auch sicher, dass man – beziehungsweise hier wirklich stimmig: frau – das Pferd nicht wirklich reiten, mit ihm nicht wirklich partnerschaftlich kommunizieren konnte. Frau konnte sich von ihm tragen lassen, am besten geführt und kontrolliert vom verständigen, starken Mann, der sich Dominanz und Heldentum hier wieder einmal vom Pferd ausleiht, um sich mächtig zu gebärden, um Eindruck zu machen, zu erobern oder einzuschüchtern.

Das bisherige Zurückdrängen und derzeitige Erstarken des Weiblichen im Führen von Pferden verläuft wohl nicht ganz zufällig parallel zum (An-)Erkennen der beziehungsorientierten Yin-Qualitäten als Ergänzung des zweckorientierten männlichen (Yang-)Machertums (auf »Deutsch«: -Managements). Wenn als Führungsqualität einfühlendes Verstehen gefragt ist, dann ist schon lange nicht mehr Vermutung, sondern experimentell erwiesen, dass darin Frauen zumindest in der statistischen Mehrheit überlegen sind.

Das Profil der nonverbalen Sensitivität (PONS) der Harvard-Professoren Judith Hall und Robert Rosenthal belegt, dass Frauen eine wesentlich, nämlich um 80 Prozent höhere Trefferquote haben, wenn sie in kurzen Videosequenzen aus der Mimik und Gestik von Personen deren Gefühle beschreiben sollen. Wenn emotionale *und* kognitive Fähigkeiten gefragt sind, wenn man also auch deuten lässt, was die Personen im Video *denken*, dann verflacht der Unterschied.

Wenn aber Frauen vom Versuchsleiter durch zusätzliche Motivation subtil dazu angehalten wurden, sich einfühlsamer zu erweisen (mit dem Hinweis, Empathie sei doch eine weibliche Stärke), dann wurde in diesen Experimenten der weibliche Vorsprung wieder größer.

Noch ungeprüft ist die daraus letztlich ableitbare Vermutung, dass die mangelnde Empathie der Männer auch zu einem guten Teil *gelernte* Unsensibilität ist. Denn dass ein Junge doch nicht weine und dass Gefühle im Geschäftsleben nichts verloren haben und ähnliche Abstumpfungsappelle sind das Hintergrundrauschen, das man als männlich erzogenes Wesen schwer aus den Ohren bekommt. Mit der Erlaubnis oder gar Empfehlung, dass Emotionalität und Sensitivität auch für die Führung von wirtschaftlichen Organisationen brauchbar sei, wachsen erst ganz wenige Macher-Generationen in sehr begrenzten Regionen auf. (Und das verbale Bekenntnis dazu überragt das gelebte nach wie vor bei weitem ...)

Die Identifikation mit dem Fluchttier und mit dem leicht getarnten Matriarchat – was nur wenige wissen: Oberste Instanz in der Pferdeherde ist die Leitstute, nicht der Leithengst! –, das könnte ein weiterer Grund für die im letzten Jahrhundert gestiegene Beschäftigung der Frauen mit Pferden sein. Freilich findet die Psychoanalyse mithilfe

Sigmund Freuds noch einige Gründe mehr, und auch die mythologischen und symbolischen Aspekte, die C. G. Jung[11] aufgearbeitet hat, geben reichlich Hinweise auf die Verbindung zwischen dem Weiblichen und dem Pferd als Libidosymbol.

Führen heißt Dienen

»Vorne (oder oben) ist dort, wo ich bin«, hört man gelegentlich mit mehr oder weniger Selbstironie den Leader-Macho sagen. Was diese Orientierung betrifft, lädt die Pferdehierarchie ein, ins Matriarchat umzudenken oder zumindest in eine höchst sinnvolle Kompetenz- und Gewaltenteilung.

Vorne ist dort, wo die Leitstute ist – und daran ist sie zu erkennen: Sie gibt die Richtung an, sie führt die Herde an, sie zeigt, wo's langgeht. Sie tritt selbstsicher bis souverän auf und genießt dadurch das Vertrauen der Herde. Äußerlich ist sie oft ganz und gar nicht imposant. Sie ist aber das wachsamste, entschlossenste, geschickteste Tier der Herde. Das bringt ihr auf der Koppel den Vorrang an der Futterstelle. Sonst ist die Führungsrolle nicht bequem und komfortabel, sondern ein ständig präsenter Dienst an der Gemeinschaft. In ihr wird sie akzeptiert, solange sie Sicherheit bietet. Soziale Kompetenz, nicht körperliche Stärke, ist der Vorsprung des Leittiers, der auch täglich neu auf die Probe gestellt und in kleinen Tests auf seine weitere Tragfähigkeit »abgeklopft« wird.

Durch Körperkraft, Dynamik, forsches, herausforderndes Wesen dagegen sichert sich der Leithengst seinen Status.

---
11 C. G. Jung: Gesammelte Werke, Bd. 5: *»Symbole der Wandlung«* (1995).

Führen heißt Dienen

Doch auch bei ihm ist es nicht nur die körperliche Kraft, die ihn zum Alpha-Tier macht: Er hat seine Herde durch Willenskraft und Durchsetzungsbereitschaft zu überzeugen und durch sein jederzeit präsentes Dominanzstreben. Muskelkraft ist gewissermaßen seine fachliche Kompetenz, Anerkennung als Leittier sichern ihm aber erst seine Schutz bietende Umsicht und Furchtlosigkeit sowie sein ständig nach außen kampfbereiter Dienst an der Herde.

In freier Wildbahn leben Pferde in überschaubaren Gruppen von zehn bis fünfzehn Tieren mit stark ausgeprägtem Sozialverhalten in klarer Hierarchie. Jedes Pferd kennt seine Rolle und akzeptiert den hierarchisch höheren Partner, weil ihm dieser als Stärkerer Schutz garantiert.

Die Herde bietet Sicherheit und Geborgenheit. Wer sich den sozialen Regeln widersetzt, wird von der Leitstute verbannt. Da ein Überleben in der Steppe aber allein schwer möglich ist, ist der Platz in der Herde mit definiertem Rang so wichtig. Eine intakte Herde schließt sich gegen Angreifer – etwa wenn die Flucht nicht rechtzeitig gelingt – mit den Köpfen nach innen zu einem Kreis zusammen, in seiner Mitte die jungen und schwachen Tiere, und verteidigt sich mit den Hinterhufen gegen die Aggressoren.

Einzelnen Feinden stellt sich der Leithengst mutig entgegen – oder die Leitstute gibt als oberste hierarchische Instanz das Zeichen zur Flucht und führt diese an. Aufgabe des Leithengstes ist es dann, die langsameren Herdenmitglieder anzutreiben und der flüchtenden Gruppe Rückendeckung zu geben.

Keines der Signale wird in einer Situation der Bedrohung von Rangniedrigeren infrage gestellt. In der menschlichen »Herde« Unternehmen beginnen oft genug gerade dann die Grabenkämpfe gegeneinander mit Ellbogenstößen und Intrigen mit Rangeleien und Mobbing ...

Kämpfe, Spiele oder Geplänkel um die Macht gibt's auf der Koppel oder in der frei lebenden Herde, wenn Zeit dafür ist – und dann auch nur sehr kurz. Zur Demonstration der Stärke genügen Pferden schon kleinste Bewegungen, mitunter ein Blick oder eine Bewegung des Ohrs, denn – wir sagten es schon – die Sprache »Equus« ist leise.

Die Pferde der Götter

Welche Bedeutung das Pferd in der mentalen und psychischen Entwicklungsgeschichte der Menschheit hat, ist an seinem besonders hervorgehobenen Stellenwert in allen Religionen und Kulturen ersichtlich.

In der griechischen und römischen Mythologie ist – wie auch in östlichen Kulten und religiösen Traditionen der ganzen Welt – das Pferd nicht irgendein Tier wie jedes andere. Es ist entweder der Bote zwischen Himmel und Erde oder gleich die Gestalt, die sich zahlreiche Götter bevorzugterweise selbst zulegen, wie etwa Poseidon, um in ihr unter anderen Medusa zu begatten.

Als Perseus ihr den Kopf abschlug, sprang und flog aus dieser Wunde der weiße geflügelte Hengst Pegasos, das Symbol der Unsterblichkeit. Wo immer er mit seinem Huf aufstampfte, entsprang eine Quelle – so auch der Musenquell Hippokrene auf dem Berg Helikon. Mithilfe der

Göttin Athene konnte nur Bellerophon den Pegasos zähmen. Als er jedoch auf ihm in den Olymp der Götter reiten wollte, schleuderte das göttliche Pferd seinen irdischen Reiter in dessen überheblicher Maßlosigkeit ab.

Die Verbindung des Menschen mit dem Pferd wird durch die Kentauren dargestellt. Es ist die Synthese des Denkens und Strebens mit der Kraft, der Intuition und der Emotion. Unter seinen eher unerlösten, ungehobelten, trink- und kampfesfreudigen Artgenossen sticht Chiron – bildlich bekannt als Sternbild Schütze – als der gütige, heilkundige Weise hervor, den Chronos mit einer Nymphe gezeugt hatte. Zu seinen Schülern, die er unter anderem in Jagd, Medizin und Musik unterrichtete, gehören Äskulap, Achilles, Jason und Herkules (an dessen vergiftetem Pfeil er auch unbeabsichtigt zugrunde ging).

Die Germanen ließen Odin, den höchsten Gott ihres Himmels, auf dem achtbeinigen Pferd Sleipnir über die Meere und durch die Lüfte reiten, und auch viele weitere ihrer Gottheiten stellten sie sich beritten vor. Sagen der ganzen Welt »schreiben dem Pferd Eigenschaften zu, welche psychologisch dem Unbewussten des Menschen zukommen: Pferde sind hellsehend und hellhörend, sie sind Wegweiser, wo der Verirrte sich nicht zu helfen weiß, sie sind von mantischer Fähigkeit, sie hören, was die Menschen nicht hören ...«, führt die sicher unbestrittene Kapazität der Symboldeutung, C. G. Jung[12], aus.

Bei dieser symbolischen Urkraft des Pferdes bedient sich natürlich im Volksglauben auch der Teufel dieses macht-

---

12 C. G. Jung: a. a. O., S. 353 ff.

vollen Mythos. Sein Pferdefuß ist schließlich Ursache dafür, dass Hufeisen Glück bringen. Eine mehr als 1000 Jahre alte Legende begründet das so:

»Der pferdefüßige Leibhaftige kam damals zum englischen Hufschmied Dunstan, auf dass ihm der seinen gespaltenen Huf beschlage. Zum Schein erklärte er sich dazu bereit, band aber den Höllenherrn an den Amboss und verprügelte ihn nach Leibeskräften mit dem Schmiedehammer.

Der Teufel flehte um Gnade, die ihm Dunstan auch gewährte. Nur musste er vorher versprechen, nie wieder irgendwo hineinzugehen, wo – wie eben bei den Schmieden – ein Hufeisen über der Tür hänge. Dunstan wurde dafür Erzbischof von Canterbury und schließlich sogar heilig gesprochen.«

Bekanntlich hatte sogar der große Physiker Niels Bohr einen solchen Glücksbringer über dem Haustor hängen. Als Freunde ihn fragten, ob er als naturwissenschaftlicher Nobelpreisträger daran glaube, dass so etwas Glück bringe, klärte er auf: »Nein, natürlich nicht – aber ich habe gehört, es wirkt auch, wenn man nicht daran glaubt!«

In bunter Vielfalt hat sich die gemeinsame Lebensbewältigung mit dem Partner Pferd auch im Sprachgebrauch niedergeschlagen und erhalten – ob wir nun *die Zügel schleifen* lassen oder jemanden *an die Kandare* nehmen und *die Pferde scheu machen*, ob wir unpassend *das Pferd von hinten aufzäumen* oder glücklicherweise *fest im Sattel sitzen*, ob wir eine *Rosskur* machen und dann eine *Rossnatur* haben oder *auf dem hohen Ross* sitzen und uns *keine zehn Pferde von der Stelle* bringen ...

Diese durch Kulturen und Jahrtausende verstreuten Blitzlichter auf Mythologie und Geschichte des Pferdes sollen nur insgesamt den Blick ein wenig dafür schärfen und aufhellen, welche Bedeutung dieses Tier als lebendiges Wesen und als Symbol seit jeher für den Menschen hat und wie es über Jahrtausende unser Leben geprägt hat. Es ist daher undenkbar, dass diese entwicklungsgeschichtliche Partnerschaft nicht auch unsere Vorstellung und Erfahrung von Lenken, Leiten, Führen mitgestaltet hätte ...

Eroberer, Kriege und Raketen

Der Einsatz des Pferdes entschied Schlachten, Kriege, Eroberungszüge. Bei den Griechen und Römern kämpften und fielen sie vor den Streitwagen und als berittene Streitrösser ebenso wie bei den Hunnen, Mongolen und Tartaren, bei der Eroberung Englands (zur Schlacht von Hastings ließ im Jahr 1066 Wilhelm der Eroberer 3000 Pferde auf 700 kleinen Segelschiffen aus der Normandie übersetzen) oder bei der grausamen Inbesitznahme Süd- und Nordamerikas.

Damals zu Beginn des 16. Jahrhunderts überlebten Tausende von Pferden die Überfahrt über den stürmischen Atlantik nicht, und ihre Leiber wurden (auf den daher »Horse Latitudes« genannten Breitegraden) dem Meer übergeben. Die überlebenden Tiere stellten daher schon eine gewisse natürliche Auslese der Kräftigeren, Robusteren dar, die den Konquistadoren bei ihren Raubzügen zu dienen hatten.

»Nach Gott verdanken wir den Sieg unseren Pferden«, triumphierte Hernando Cortez als einer der Eroberer, welche als »Pferdemenschen« die Indianer in Schrecken versetzten. Die Unterwerfung der Azteken und der Inkas beruhte zu einem wesentlichen Teil auf dem kriegerischen Einsatz des Pferdes, das dort völlig unbekannt war und Furcht ebenso bewirkte wie religiöse Verehrung.

Bis dahin hatte kein Indianer ein Pferd gesehen – und doch kam es durch die Konquistadoren und Kolonisatoren eigentlich in seine ursprüngliche Heimat zurück, die seine Vorfahren am Ende der Eiszeit über die Landbrücke von Alaska nach Asien verlassen hatten. Die Indianer lernten aber sehr schnell mit den Tieren umzugehen und bauten in ihrer unverbildeten Naturverbundenheit eine wesentlich harmonischere Symbiose als die Europäer zu ihren neuen Lebenspartnern auf. Gemeinsam mussten sie sich dann erst der massenvernichtenden Kriegstechnik des 19. Jahrhunderts geschlagen geben.

Neben Kriegsverbündetem war das Pferd in den nächsten Jahrhunderten unverzichtbarer Partner des Menschen in Landwirtschaft, Verkehr, Bergbau und anderer Industrie, war Machtinstrument und Statussymbol. Noch in den beiden Weltkriegen des vergangenen Jahrhunderts spielte das Pferd eine bedeutende und schließlich auch tragische Rolle: Als die ersten Panzer zum Einsatz kamen, gab es noch neben einer riesigen Menge an Zugpferden rund eine Million Reitpferde an allen Fronten. Im Zweiten Weltkrieg wurden die polnischen Dragonerangriffe gegen deutsche Panzer zur Legende. »Doch nicht nur für die Menschen, auch für die Pferde wurde dieser Krieg zur entsetzlichen Tragödie. Allein die Schlacht um Stalingrad kostete auf deutscher Seite rund 50.000 Pferde das Leben.«[13]

---

13 M. und H. D. Dossenbach: »*König Pferd*« (1999).

Nur zögerlich tauschen wir den Begriff »Pferdestärke« gegen Kilowatt ein. Auf absurd anmutenden Umwegen hat das Pferd auch seine Spuren in die modernste Technik bis zur Raumfahrt eingeprägt. Das belegt diese Betrachtung über die Beständigkeit eingefahrener Gleise, die vor einiger Zeit im Internet kursierte:

»Der Gleisabstand der US-Railways beträgt exakt 4 Fuß und 8,5 Inches. Wie es zu einem so ausgefallenen Maß gekommen ist? Die Bahn wurde einst von Engländern gebaut, und die übernahmen das Maß von ihrer Eisenbahn, weil das natürlich für die Verwendung von vorhandenen Zügen sowie Gleis- und Waggonbaugeräten von Vorteil war.

Aber warum hatten die britischen Eisenbahnschienen dieses Maß? Weil sie von Pferdebahnbauern gelegt worden waren – und die Pferdeeisenbahnen hatten dieses Maß. Um dieselben Werkzeuge und die gleichen Materialien wie für den Bau von Pferdewagen zu benutzen, übernahm man es.

Warum aber hatten Pferdewagen in England dieses Maß? Weil sie sonst in den Rillen der alten Römerstraßen gebrochen wären, die genau diesen Abstand aufwiesen.

Und warum hatten die Römer dieses Maß benutzt? Sie verwendeten Kriegs- und Reisewagen, die von zwei Pferden gezogen wurden – und die optimale Radbreite ist die Breite zweier Pferdehintern vor einem römischen Wagen.

Die Solid Rock Boosters, die links und rechts neben dem Tank eines Spaceshuttles angebracht sind, werden in Utah gefertigt. Sie müssen per Bahn nach Cape Canaveral transportiert werden. Die Tunnels sind kaum breiter als der Gleisabstand. Deshalb müssen auch die Solid Rock Boosters dieses Maß einhalten.

Die Maße eines der technisch fortgeschrittensten Transportsysteme gehen zurück auf die Breite von zwei Pferdehintern ...«

Nach diesem Ausflug in Geschichte, Mythos und Anekdotisches rund um unseren Entwicklungspartner Pferd wieder zurück zu den Führungslehren, die wir durch ihn gewinnen können.

Sanfte Geburt und Mentoring

Wo ist nun die praktische Nutzanwendung der ersten Horse-Sense-Lektion in der Führungsarbeit eines Unternehmens? Wo lässt sich Alexanders erste Fähigkeit im Umgang mit Bukephalos sogleich sinnvoll übertragen?

Am leichtesten, am schnellsten und dabei sehr langfristig wirksam kann diese Lektion sein, wenn wir uns den ersten Tag eines Mitarbeiters im Unternehmen bewusst machen: Sanfte Geburt mit Achtsamkeit? Oder Gewaltakt der Unsensibilität? Oder Routine der Gleichgültigkeit?

Offenkundig beginnt doch der weitaus überwiegende Teil der beschäftigten Menschheit den ersten Arbeitstag in einem neuen Unternehmen mit der Ambition, sich und vor allem den anderen ihre Tüchtigkeit und Fähigkeiten zu beweisen. Man wird Energie und Tatendrang nicht wie bei Bukephalos bändigen und fesseln müssen – nein, die Verletzungen der Einstiegsmotivation sind viel subtiler.

Manche berichten, dass sie sich schon beim Portier ausführlich ausweisen müssen und sich damit gleich nicht als willkommene, erwartete Stütze, sondern als verdächtiger Eindringling fühlen, auf den man hier nicht unbedingt gewartet hat. So geht's freilich nicht dem neuen Vorstandsdirektor, auf diese Weise verlieren eher einfache Mitarbeiter ihren ersten Motivationsschub.

Wie sieht die weitere Aufmerksamkeit, Beachtung und Wertschätzung aus, wenn sie es dann doch bis zu ihrem neuen Arbeitsplatz geschafft haben? Etwa: »Ach so, Sie sind die/der Neue, die/der heute hier anfängt? Da haben's inzwischen was zu lesen, Sie müssen verstehen, wir sind jetzt gerade im Stress ...« Es mögen nur kleine Stücke Arbeitslust und Begeisterung sein, die hier zerbrochen werden, aber sie summieren sich von Tag zu Tag, von Woche zu Monat und Jahr zur Gleichgültigkeit, zum Frust, zur inneren Emigration mit passiver Resistenz und Illoyalität, zum Lesen neuer Stellenangebote, zum Ausstieg, wenn und sobald man ihn sich leisten kann.

Führungskräfte brauchen ihre Mitarbeiter gar nicht zu motivieren. Die Chefs erfüllen ihren Job schon ganz großartig, wenn sie sie wenigstens nicht frustrieren. Es muss ihnen nur gelingen, die Anfangsmotivation zu erhalten, anstatt diese von Woche zu Woche durch Unachtsamkeit ein Stück weiter abzubauen.

Wer sich für Menschen nicht zu interessieren vermag und der Irrationalität ihres emotionalen Zusammenspiels nur fassungs- und verständnislos gegenübersteht oder ausweicht, ist auch nicht imstande, sie zu führen. Daher lohnt sich die Frage, wie achtsam nicht nur die Produkteinführung, sondern auch die Einführung neuer Mitarbeiter qualitätsgesichert ist.

Während die beziehungsbezogene Seite der Führungsarbeit nicht delegierbar ist, ist ein Teil dieser wertschätzenden Einführungsbegleitung freilich auch teilbar – etwa mit einem Mentor[14], also einem zumindest an Dienstjahren reiferen Mitarbeiter, der nicht direkter Vorgesetzter des oder der Neuen ist, aber jederzeit für sie oder ihn als ansprechbare Orientierungshilfe zur Verfügung steht.

Mentoring vermittelt nicht nur dem Mitarbeiter Wertschätzung, sondern ist auch ein Instrument der Unternehmenskultur, das ältere Mitarbeiter erleben lässt, wie gefragt ihr Wissen und ihre Erfahrung sind. Diese sollen nicht mit ihrer Pensionierung verloren sein, sondern rechtzeitig weitergegeben werden.

Mentoring ist gelebtes Wissensmanagement sowie angewandte Achtsamkeit und Wertschätzung gleich zweier Generationen im Unternehmen. Mentoring ist eine der so viel beschworenen Win-Win-Situationen mit drei Gewinnern: Mitarbeiter, Mentor und Unternehmen.

Lernfeld Hier und Jetzt

Wenn Sie fragen, *wovon* Mitarbeiter – nicht anders als ihre Manager – leben, dann ist die Antwort einfach: Geld. Wenn Sie fragen, *wofür* sie leben, dann ist es auch recht klar: Anerkennung und Wertschätzung.

Dazu nicken freilich alle, wenn sie es wieder einmal von einem Berater, Autor, Trainer, Professor in Coachinggesprächen, Seminaren, MBA-Kursen, Universitäten oder

---

14 Siehe auch Fritz Hendrich: *»Die vier Energien der Führung«* (2002).

Lernfeld Hier und Jetzt

Akademien hören. Bei der Umsetzung erinnern sie allerdings an den, der da seufzte:»In Wirklichkeit bin ich ganz anders – ich komm nur nie dazu.«

Genau das klagte mir kürzlich mit nur leicht geänderter Wortwahl der CEO des europäischen Teils eines amerikanischen Konzerns: Er möchte, so meinte er, durch unser Coaching für die Mitarbeiter hier der charismatische Leader werden, den sie zu Recht aus der großen US-Company erwarten. Ob er denn eine Vorstellung davon habe, was er tun müsse, um als ein solcher zu wirken?»O ja, mir mehr Zeit für Gespräche mit den Leuten nehmen und ihre Sprache lernen.« Und was ihn daran hindere?»Die Reports, die ich ständig ans Headquarter schicken muss, lassen mir dafür keine Zeit!« Die Bearbeitung brandheißer Konfliktherde wurde vertagt und verschoben, Gespräche wurden vermieden und delegiert – denn für die Konzernzentrale musste das *strategy-paper* mit mehrjährigen Entwicklungsschätzungen bis zwei Stellen hinters Komma geschrieben werden.

Im Mission-Statement des globalen Unternehmens fand ich wunderschöne Worte über die Bedeutung der Mitarbeiter als wichtigste Ressource und die immense Wichtigkeit interkultureller Sensibilität und Rücksichtnahme. Dass exzessives Reporting an Bosse mit Vertrauensdefizit und Interventionsbedürfnis in der Priorität vorrangig wäre, das war nirgends vermerkt ... Wer sagte doch dazu so treffend: *The problem is not, that people don't know, what to do. They don't do, what they know.*

Die Mitarbeiter dieses CEO bestätigten ganz genau seinen eigenen Eindruck:»Ja, er verschanzt sich hinter seinem Laptop, versendet knappe Anweisungen und meidet

63

Der erste Schritt: Achtsamkeit bringt Beachtung

den persönlichen Kontakt, vor allem mit denen, die in seiner Muttersprache nicht so perfekt sind ...« Verunsicherung und Frust wurden rundherum größer, und einige der besten Experten verließen mit ihrem kostbaren Wissen das Unternehmen.

Genau das ist es, was Führungskräfte zum Beispiel in der Arbeit mit Pferden durch unmittelbare Erfahrung lernen können: Partner Pferd kündigt nicht irgendwann nach einigen Monaten vermisster Wertschätzung, erduldeter Kränkung, innerer Emigration. Er kündigt hier und jetzt im Moment die Zusammenarbeit, wenn er nicht Beachtung und einfühlsame Wertschätzung bekommt.

Wenn er diese aber spürt, gibt er sofort Interesse und Aufmerksamkeit zurück und ist zu Partnerschaft und Kooperation bereit. Wenn die Flucht in die Sachthemen wichtiger ist als die persönliche, wertschätzende, ehrliche und klare Beschäftigung mit dem Gegenüber, dann verzeiht das der vierbeinige Mitarbeiter in der Koppel ebenso wenig wie der zweibeinige in der Buchhaltung. Nur der eine zeigt es jetzt sofort und ungeschminkt, der andere speichert es, bremst sich ein und steckt andere mit seinem Frust an.

Die Lernchance des Horse-Sense ist die spontane, ehrliche Konfrontation zum Einfordern dessen, was für erfolgreiches gemeinsames Arbeiten nötig ist. Hier ist das Feedback erhältlich, das sonst immer wieder durch Rücksichtnahme und Taktik, durch mangelnde Zivilcourage und vorauseilenden Gehorsam bis zur Rektal-Akrobatik gefiltert wird auf dem Weg in den Elfenbeinturm der Mächtigen.

Da gibt's kein Aufschieben oder Verharmlosen, kein Kompromisseln und Beschwichtigen. Was man gern einmal möchte und sich jetzt noch nicht traut, aber eigentlich sollte, bekommt bestenfalls höhnisches Wiehern vom Partner Pferd. Das Jetzt ist die einzige Zeit, in der Führungscharisma gefragt und gefordert ist, und das Hier sein einziger Ort.

Beim atemberaubenden Tempo unserer Wettrennen nach dem Erfolg ist es eine Fähigkeit, die Vorsprung schafft, seine Verhaltensweisen und Muster sowie die Aktionen und Reaktionen der Umwelt zu erkennen und zu durchschauen, während das Spiel läuft – und nicht irgendwann im Jahres- oder Periodenrückblick. Diese wache Präsenz ist mit dem schonungslosen Feedbackpartner Pferd lernbar und zum Leadership by Horse-Sense entwickelbar.

Resonanz erzeugen

Management und Militär leben schon lange in einem offenkundigen Naheverhältnis: Der Sprachgebrauch verrät die Herkunft dessen, was man als Führungswissen hochhält. Da gibt es Generäle und Stabsstellen, Strategien (aus dem Griechischen *stratos agein* = das Kriegsheer führen, *strategos* = der Heerführer, *strategia* = die Kriegskunst), Kaderschmieden und Assessment-Center, die auch zuerst zur Offiziersauswahl geschaffen wurden, Befehlsketten und Hierarchieebenen »bis ins letzte Glied« ... In der Schweiz ist auch heute noch (wenngleich in behutsam abnehmender Tendenz) eine wirtschaftliche oder politische Karriere kaum ohne die parallel dazu laufende oder vorher erfolgreich absolvierte militärische vorstellbar.

Das alles in einer Organisationsform, die aus der römischen Schlachtenordnung über die preußische Heeresaufstellung und die wilhelminische Kanzleiordnung ins Wirtschaftsleben geraten ist. Das hat dort auch prächtig funktioniert, solange Mitarbeiter so gesehen wurden (und sich auch selbst so gesehen haben), wie's Frederick Taylor als »wissenschaftliches Management« postuliert hat: als überwachte, berechenbare, effiziente Mechanismen. Dass seither bald 100 Jahre mit mindestens einem größeren Wertewandel vergangen sind, setzt sich nur langsam in Sprachgebrauch und Organisationsverständnis durch.

Das Ideal militärischer Kommunikation ist sicher nicht Macht- und Gewaltfreiheit. Ihr Ziel ist reibungsfreies präzises Funktionieren in der Krisensituation. Kurfürst Wilhelm von Brandenburg brachte es ehrlich auf den kürzestmöglichen Nenner:

> »Es ist den Untertanen verboten,
> den Maßstab ihrer beschränkten Einsicht
> auf die Handlungen der Obrigkeit anzulegen.«

Das sitzt, passt und ist für jeden verständlich. Aber wer sagt das heute noch so schonungslos ehrlich? Dass man einen solchen Satz heute nicht mehr zu hören kriegt, heißt ja noch lange nicht, dass er nicht zum verinnerlichten Glaubensbekenntnis so mancher Führungskraft gehört ...

Doch mit dieser Einstellung war ein Wesen mit der Körperkraft und Dynamik eines Bukephalos nicht zu bändigen, geschweige denn als Partner zu gewinnen. Alexander bewies sein Führungscharisma, indem er erst einmal versuchte, Resonanz zu erzeugen zwischen sich und dem zu gewinnenden Partner. Das geht nicht mit Gefesselten, mit wehrlos Ausgelieferten.

Auf das Thema Führung übertragen: Das geht nicht mit in Normen, Regeln und Vorschriften Eingezwängten, die sowieso keine andere Chance haben, als sich zu unterwerfen. Beim Militär ist das möglich, mitunter notwendig – im Unternehmen muss die Führungskraft die gemeinsame Wellenlänge erzeugen, in der Resonanz füreinander entsteht.

Emotionen sind dabei nicht das störende Beiwerk, sondern der Kern der Gemeinsamkeit, der in beide Richtungen zu achten und zu beachten ist. Dafür müssen die Emotionen erst einmal wahrgenommen und mit Interesse und Zuwendung aufgenommen werden. Auf dieser Resonanzwelle kommen dann Beachtung, Aufmerksamkeit und Wertschätzung auch zurück.

Was hilft die schönste und schlaueste, vom Weltmeister der Consulter teuer eingekaufte Strategie mit der ausgewogensten und treffsichersten Balanced Scorecard, wenn sie keine Beachtung und kein Interesse findet, sondern auf Angst, Misstrauen und Abwehr stößt?

Wenn sie nur als Verstärkung von Zaumzeug und Zügel erlebt wird, weil nicht die Zeit und die Einfühlung vorhanden waren, sie in Sinn und Zielsetzung als Instrument der Orientierung und Selbstkontrolle zu vermitteln. (Denn das dafür notwendige Kommunikationstraining wurde den Mitarbeitern verordnet oder dem Sparstift geopfert ...)

Sind Fühlen und Führen lernbar?

Die *emotionale Intelligenz*, dissonante Wellenlängen zu spüren, ihre Ursachen wahrzunehmen und *Resonanz* aufzubauen, ist nicht erst eine nach fachlicher und strategischer Kompetenz rangierende Führungsqualität aus der Kategorie »nice to have«, sondern die zentrale Qualität, die alle anderen Kompetenzen – auch und ganz besonders die fachlichen! – erst wirksam macht.

Ist die dafür notwendige *Empathie* als wesentlicher Teil der *emotionalen Intelligenz* und der *sozialen Kompetenz* und damit erster Baustein von Führungscharisma nun vom Himmel geschenkte Gnadengabe, mit der oder ohne die man in die Welt geschickt wird, oder ist sie lernbar? Letztlich wohl beides.

Der gegebene Anteil lässt sich zum Teil mit *Temperament* oder *Mentalität* umschreiben. Wie bereits erwähnt, gehen diesbezüglich im statistischen Durchschnitt Frauen durch ihre stärkere Orientierung an Beziehung mit einem Startvorsprung ins Rennen, was die empathische Kompetenz betrifft. Wenn's um die Durchsetzung geht, ist dafür die männliche Yang-Seite im Vorteil. Kindliche und jugendliche Sozialisationserfahrungen sind dann ein mindestens so bedeutender Prägungsfaktor, der später einmal nur mehr schwer zu korrigieren oder nachzuholen ist.

Wer bis zu seinem Arbeitsantritt nicht Einfühlung und Verantwortungsbereitschaft, nicht das Führen als Dienst an anderen gelernt und es in »Labors« wie Sandkiste, Schulklasse, Sportverein oder Interessengruppe sozialer oder politischer Intentionen praktiziert hat, ganz einfach weil's ihr oder ihm wichtig war – der oder die sollte die Hoffnung auf den Crashkurs im Wochenendseminar oder auf die Show des Motivationsgurus ganz klein halten.

Der beeinflussbare Teil *emotionaler Intelligenz* ist schon lernbar, allerdings wesentlich schwieriger als Netzplan-

Sind Fühlen und Führen lernbar?

technik, Prozessoptimierung oder Projektdesign. Er verlangt Zeit.

Daher die gute Nachricht: Er nimmt mit dem Alter fast unvermeidlich zu, wenn man sich nicht besonders hartnäckig gegen Einsichten der Selbsterfahrung wehrt.

Die schlechte Nachricht: Er verlangt überzeugtes Engagement für das Lernthema statt der unentwegten Neugier auf den letzten Modegag der Psychotechnik-Couturiers. Die befriedigen damit die Konsumgier der Ideenlosen, die sich einen Guru nach dem anderen leisten und dann naserümpfend fordern: »Alles schon gehört – haben Sie nicht was Neues, was wir auch nicht umsetzen?«

Dieses Lernprogramm lässt sich durch Bücher anregen, aber nicht wirklich gestalten. Es spielt sich im *limbischen System* ab, das unsere Gefühle, Triebe und Impulse steuert. Dieses lernt vor allem durch Tun und Feedback, dann neues und anderes Tun und wieder Feedback holen. Das konzeptionelle und logische Denken läuft vor allem im Neokortex ab, der auch durch Lesen, Analysieren und Reflektieren lernt. Die beiden Gehirnhälften sind eine – neurologisch nicht ganz so exakte, aber doch sinnvolle – Metapher dafür.

Die Lernbereitschaft beginnt dabei mit dem Durchschauen des weit verbreiteten Musters: »Verwirren Sie mich nicht mit Informationen, ich hab schon meine Vorurteile!« Dieser unbewusste Entwicklungspräservativ bewahrt sogar davor, seine eigenen Emotionen wahrzunehmen oder für wahr zu halten, indem man sich etwa selbst Resignation als Akzeptanz, Gleichgültigkeit als Toleranz oder Ungeduld als Spontanität verkauft.

Der erste Schritt: Achtsamkeit bringt Beachtung

Als emotional intelligent darf gelten, wer auf sich selbst nicht mehr reinfällt, weil er oder sie seine oder ihre Lektion *Selbstwahrnehmung* gelernt hat.

Ehrlich oder echt?

Der zweite Lernschritt (nach der *Selbstwahrnehmung*) ist die *Selbstregulierung*, fürs Macher-Bedürfnis auch gerne als »emotionales Management« etikettiert. Das heißt verantwortungsbereit und situationsgerecht seine Emotionen steuern – nicht aber sie korsettieren und abwürgen! Das hat in der geglückten Form nichts mit Unehrlichkeit zu tun, sondern mit Rücksicht und Takt – zugegeben: gelegentlich auch mit Taktik.

Denn wenn ich etwa im Heim des Chefs zum Abendessen eingeladen bin und die Hausfrau fragt, wie's geschmeckt hat, ist die Antwort »Danke, gnädige Frau, schon besser gegessen, aber nicht hier« zwar sehr spontan, entbehrt aber doch an situationsgerechter *Selbstregulierung* und somit *emotionaler Intelligenz*.

Diesen schmalen Grat zwischen situations- und beziehungsgerechter *Flexibilität* einerseits und glaubwürdiger *Echtheit* andererseits zu meistern, ist Anforderung und Erkennungszeichen für emotional intelligentes Führen. Gefragt ist diese Qualität, wenn etwa im Vorfeld von Fusionen und Akquisitionen über strategische Gespräche mit möglichen Partnern zu Mitarbeitern oder anderen nicht geredet werden kann, um Verhandlungen nicht von außen zu stören. Basisregel dafür könnte sein: Ich muss nicht alles sagen, was ich weiß oder meine – aber was ich sage, muss ich auch meinen.

Ehrlich oder echt?

Häufiger noch geraten Führungskräfte – speziell in dezentralen Einheiten größerer Konzerne oder in der klassischen Sandwichposition des Middlemanagements – in die Situation, Aufträge, Anordnungen, strategische Vorgaben weitergeben zu müssen, mit denen sie sich selbst nicht identifizieren können oder wollen.

Anbiederndes Solidarisieren mit den Mitarbeitern, begleitet vom achselzuckenden »Die da oben wollen's halt so ...« ist hier ebenso wenig gefragt wie kommentarlose Weitergabe mit geheuchelter Identifikation, wenn für jeden an den Zwischentönen hörbar und an der Körpersprache sichtbar ist, dass der Chef das, was er sagt, nicht wirklich selbst meint und vertritt.

Er sollte sich freilich vorher fragen, ob er alle Möglichkeiten ausgenutzt hat, um die weiterzugebende Entscheidung zu hinterfragen und dann eben doch mitzutragen, und ob er alle Zivilcourage und Konfrontationsbereitschaft eingebracht hat, um sie vielleicht doch zu verändern oder für seinen Bereich zu variieren. Das daraus dann ehrlich formulierte »Hier steh ich, ich kann nicht anders, steht zu mir und helft mir!« hat eine andere überzeugende Wirkung als Schulterzucken mit Blick nach oben.

Auf dem Prüfstand steht diese Qualität auch immer wieder, wenn aus den Konzernzentralen einheitliche Regulative durchgesetzt werden, die der Mentalität (zum Beispiel Regulierungsdrang bis ins letzte Detail) oder den juridischen Erfordernissen (wie Produkthaftung, Schadenersatzforderungen oder Konsumentenschutz) in der Heimat des Headquarters entsprechen, aber der Kultur eines süd- oder osteuropäischen Landes völlig zuwiderlaufen. Vorschriften über die Sicherheitskleidung in Montage- oder

Produktionsbereichen sind ein Beispiel dafür, Reportinganforderungen sind ein weiteres.

Die Manager, die hier ihren markig militärischen Titel als Chief Executive Officer wörtlich nehmen und sich als die getreuen Ausführungssoldaten gebärden, werden wohl schwerlich die Resonanz herstellen, die für motivierte Zusammenarbeit nötig ist.

Planung ist gut. Gefühl ist besser

Geschärfte Wahrnehmung mit allen Sinnen ist nicht nur gegenüber dem Mitarbeiter Voraussetzung, um be- und geachtet zu werden. Sie ist auch nicht nur die Grundlage von Selbstreflexion und -regulierung. Die Präsenz und Nutzung aller Sinne zeichnet die charismatische Führungskraft auch in ihrem Zugang zu Markt und Kunden aus.

Wo diese Fähigkeit fehlt, dort werken in aufgeblähten Stabsstellen die Zahlenfüchse an endlosen Rastern und Tabellen, werden Markt-, Meinungs- und Trendforschungsbüros (»-Institute« klingt natürlich schicker und blendet mit wissenschaftlichem Anspruch) beschäftigt. Die gießen dann Wünsche, Bedürfnisse, Erwartungen und vor allem Mutmaßungen in Zahlen, die man eher zu verstehen glaubt als den Kunden selbst, zu dem man den direkten Draht schon längst verloren hat.

Während diese Prozesse der Analyse und Planung laufen, machen die das Geschäft, die den Kunden sehen, riechen, fühlen, berühren, mit allen Sinnen spüren und »wittern«. Während die einen noch im modischen letzten Strategie-

Planung ist gut. Gefühl ist besser

bestseller nach dem Patentrezept suchen, haben die anderen schon das Produkt entwickelt und auf den Markt gebracht.

Mit dem Verhältnis von Planung und Gefühl verhält es sich ähnlich wie mit dem von Kontrolle und Vertrauen. Denn dass Vertrauen gut, aber Kontrolle besser wäre, glauben wohl auch nur mehr die ewig unverbesserlichen Nachbeter Lenins. Der sicher gültigere Umkehrschluss heißt ja nicht, dass Kontrolle etwas Schlechtes wäre, sondern: Kontrolle ist gut, Vertrauen ist besser. Denn wo immer es nicht gelingt, Vertrauen aufzubauen, ist Kontrolle der notwendige Zwischenschritt, der so bald wie möglich wieder zu einer neuen Vertrauensebene führen soll.

So steht's auch um die analytische Planung, wenn's um die Kenntnis von Markt und Kunden geht. Die ist nichts Schlechtes an sich. Sie ist dort notwendig und gut, wo das Gefühl für das Objekt der Begierde fehlt. Auch ein mathematisches Genie wie der Nobelpreisträger John Nash – bekannt geworden durch das Oscar-gekrönte Filmdenkmal »A Beautiful Mind« – hatte höchst detaillierte marktstrategische Pläne einschließlich akribisch exakter Spieltheorien über den Kontakt von einem männlichen zu einem weiblichen Wesen. Die (letztlich dann lebensrettende) Beziehung kam mit Einsatz dieser Instrumente nicht zustande.

Vielleicht kennen Sie die Geschichte vom Huhn, das die Straße überquert. Auf die Frage, warum es das tat, gibt es viele anekdotische Antworten. Etwa die des rationalen Lehrers: »Um auf die andere Seite zu kommen.« Oder Hemingways: »Um zu sterben. Im Regen.« Oder eines amerikanischen Präsidenten: »Das Huhn hat die Straße nicht überquert. Niemals.« (Viele weitere sind im Internet in mehreren Varianten unter den Suchwörtern *chicken crossed road* zu finden.)

Übertrieben scheint zunächst die (angebliche) Antwort eines internationalen Beratungsunternehmens:

»Deregulation of the chicken's side of the road was threatening it's dominant market position. The chicken was faced with significant challenges to create and develop the competencies required for the newly competitive market. Andersen Consulting, in a partnering relationship with the client, helped the chicken by rethinking its physical distribution strategy and implementation processes. Using the Poultry Integration Model (PIM), Andersen helped the chicken use its skills, methodologies, knowledge capital and experiences to align the chicken's people, processes and technology in support of its overall strategy within a Program Management framework.

Andersen Consulting convened a diverse cross-spectrum of road analysts and best chickens along with Andersen consultants with deep skills in the transportation industry to engage in a two-day itinerary of meetings in order to leverage their personal knowledge capital, both tacit and explicit, and to enable them to synergize with each other in order to achieve the implicit goals of delivering and successfully architecting and implementing an enterprise-wide value framework across the continuum of poultry cross-median processes. The meeting was held in a park like setting enabling and creating an impactful environment which was strategically based, industry-focused, and built upon a consistent, clear, and unified market message and aligned with the chicken's mission, vision, and core values. This was conducive towards the creation of a total business integration solution. Andersen Consulting helped the chicken change to become more successful.«

Den Beleg dafür, dass die Wirklichkeit mindestens so viel Humor hat wie der (leider unbekannte) Autor dieser Satire, liefert ein Ausschnitt aus der deutschen »Lebensmittel-Zeitung«, in der die Bemühungen zur Steigerung des Käseumsatzes in einem Großkaufhaus kaum anders dargestellt werden. Ausschnitte sollen hier genügen, um das verzweifelte Bemühen zu illustrieren, wie man Kundenkenntnis durch Messtechnik und Strategen-Kauderwelsch ersetzen möchte:

»… Man führt eine Abgrenzung und Segmentierung der Kategorie durch. Das ist die Basis für die Festlegung der Rolle (Pflicht) für die Kategorie Käse SB … Für die anschießende Analyse der Kategorie setzte Arla Foods den ACNielsen Trade-Planner ein. Mit diesem Tool wurden die Stärken, Schwächen, Chancen und Risiken der Kategorie aufgedeckt … Bei der Analyse wurden als zentrale Kennziffern benutzt: das Kundenpotenzial (Umsatzbedeutung der Globus-Kunden an der Kategorie im Gesamtmarkt) und die Geschäftsstättenloyalität (Ausgabenanteil, den die Kunden bei Globus decken)… Diese Kennzahlen sind die Determinanten des Marktanteils von Globus. Anhand dieser beiden Erfolgsfaktoren teilt man die Kategorien und Segmente in vier Felder ein. Käse SB befand sich im Feld ›überdurchschnittliches Kundenpotenzial, aber unterdurchschnittliche Loyalität‹. Entsprechend ergab sich das Ziel: die Lücke in der Einkaufsstättentreue zu schließen. Als Strategie wurde festgelegt: ›Erhöhung der Kundenfrequenz und Steigerung des Transaktionswertes‹. Für die Verfolgung der Strategie standen die taktischen Maßnahmen der Sortiments- und Promotionsoptimierung im Vordergrund. Mithilfe des ACNielsen-Tools ›Consumer Driven Assortment‹ (CDA) wurde das verbraucherorientierte Sortiment schnell *(Anm. d. Verf.)* ermittelt. Dabei wurden mehrere entscheidungsrelevante Leistungskennziffern aus dem Haushalts- und Handelspanel in einer Scorecard zusammengespielt. Dabei standen drei Key Performance Indicators (KPI) im Mittelpunkt: Erhöhung der Käuferreichweite, Erhöhung der Ausgabenintensität und der Loyalität. Unter Berücksichtigung der gewählten Strategie wurden der kumulierten Käuferreichweite und dem durchschnittlichen Abverkauf pro Markt auf Basis aller Einzelartikel die größte Gewichtung beigemessen. Der daraus resultierende Sortimentsvorschlag wurde mithilfe der Space-Management-Software in Planogramme umgesetzt. Sodann wurde der Promotion-Planner eingesetzt, um das optimale Promotionmix für die Kategorie zu bestimmen. Mithilfe einer Ursachen-Wirkung-Analyse (multivariate Regression) wurden auf Basis von repräsentativen Scanner-Rohdaten die Absatz- und Umsatzeffekte der Aktionsmaßnahmen ermittelt ...«

Alles Käse – oder was? Wer bis hierher nicht genug hat und die restlichen Absätze noch genießen möchte, sei auf die Fundstelle[15] verwiesen.

Offensichtlich ist der Managementguru Henry Mintzberg bei seinen Recherchen über strategisches Management gerade über solches Treiben gestolpert, als er definierte:

---
15 Dieter Brandes: »*Einfach managen*« (2002), S. 164 ff.

»Management ist
eine außergewöhnlich gut bezahlte Aufgabe,
die sehr kompliziert erscheint
und bemerkenswert frei
von gesundem Menschenverstand ist.«

Vision braucht Sehvermögen

»Use your Horse-Sense« ist also im amerikanischen Sprachgebrauch der Appell: Verwende deinen gesunden Menschenverstand, auch Hausverstand genannt. Gemeint ist damit – zumindest neben dem elektronischen Prozessor in der zunehmend kleiner werdenden Blech- oder Plastikbox – der Prozessor zwischen unseren Ohren, genannt Gehirn, bestehend aus zwei Hälften, von denen beide genutzt werden sollten.

Die eine, die linke, für das »vernünftige« Denken in Zahlen, Wörtern, berechnenden Analysen und logischen Schlüssen. Die andere für das Verbinden von Bildern zu Ideen, für Spiel und Emotionalität, für kreative, analoge Schlüsse. Der Output dieses Prozessors sind dann eine kritische Beurteilung der Gegenwart und Anregungen für das Handeln zur Gestaltung der Zukunft.

Seine Inputgeräte sind unsere zumindest fünf Sinne. Nur wenn diese für höchste Achtsamkeit ausgebildet und präsent sind, kann der so genannte sechste Sinn als Intuition oder Inspiration dazukommen. Er lässt dann – getragen von den fünf anderen – das richtige Gefühl für die richtigen Dinge zur rechten Zeit spürbar werden.

Die visionären Fähigkeiten – meistens das erste, was man charismatischen Führungskräften zuschreibt – können

Der erste Schritt: Achtsamkeit bringt Beachtung

sich nur ausbilden, wenn die sinnliche Wahrnehmung wachsam geschärft ist. *Vision* kommt vom lateinischen *videre,* und das heißt eben *sehen,* nicht träumen und auch nicht spinnen. Wie sollte aber jemand die angestrebte und mögliche Zukunft sehen können, wenn er durch die Gegenwart mit Scheuklappen geht?

So unterscheidet sich der Visionär vom Phantasten: Der eine sieht Möglichkeiten aufgrund der wachsamen, kritischen Sicht der aktuellen Realität. Der andere träumt Illusionen ohne Verbindung zu der Gegenwart, die er nicht wahrnehmen will oder kann.

Die Wachsamkeit der Sinne ist Grundlage für die Fähigkeit charismatischer Führer, die Bedürfnisse ihrer Leute anzusprechen. Denn dazu muss er sie erst erkennen – in den anderen die Wünsche und in sich selbst die Fähigkeit und Bereitschaft, sie durchzusetzen, seine Macht und Stärke für sie einzusetzen.

Emotionale Intelligenz ist die Basis für soziale Kompetenz. Die Schärfung aller Wahrnehmungssinne ist dabei die Voraussetzung für die bewusste Selbstreflexion und den achtsamen Umgang mit der Umwelt. Das Echo darauf sind dann die Beachtung und Aufmerksamkeit, die eine charismatische Führungskraft von ihrem Umfeld bekommt. Von und mit unserem Partner Pferd, dem unschlagbaren Lehrer in sinnlicher Empfindsamkeit, ist mittels ausreichend sensitivem Vermittler eine Menge dazu erfahrbar und lernbar.

VERTRAUEN

Alexander und Bukephalos – II

Alexander spürte, dass er und die Leitstute des königlichen Stalls die Aufmerksamkeit des Flüchtenden gewonnen hatten. Etwa zweihundert Meter waren sie jetzt voneinander entfernt. Die wilde Jagd, die alle seine Reitkünste gefordert hatte, die hatte nun ein Ende – oder zumindest Pause. Er ließ Daphne weiter zur Ruhe kommen und an den trockenen Gräsern rupfen. Auch Bukephalos kaute an den Büschen, ohne dabei allerdings aus sicherer Entfernung seine Verfolger aus den Augen zu lassen.

Dann wendete Alexander langsam die Stute und ging mit ihr auf den schwarzen Hengst zu. Der beendete sofort seine Rast, wendete den Blick wieder angespannt in ihre Richtung und stellte die Ohren ihnen entgegen auf. Auch wenn die Angst dem vorsichtigen Interesse gewichen war, so überwog doch noch ganz deutlich das Misstrauen: Der Stierkopf schüttelte wie abwehrend seinen mächtigen Schädel, drehte sich um und begann wieder in die Gegenrichtung zu laufen.

Allerdings bei weitem nicht mehr mit der Energie, die vorhin die Wut und die Angst beflügelt hatte, als er aus dem Reitplatz gerast war. In der wachsamen Bereitschaft, sichere Distanz zu wahren, mischte sich in seine Bewegung auch Neugier, und in den bisherigen Kampf um Überleben oder zumindest Freiheit schien etwas Spielerisches zu kommen. Bald wendete er noch im Laufen ein wenig den Kopf, um den Abstand zu prü-

fen. Er sah, dass die Stute wieder stehen geblieben war und jetzt wie beiläufig und völlig uninteressiert an den Kamillenbüscheln der steinigen Wiese kaute. So blieb auch er wieder stehen und zermalmte einen Zweig vom Lorbeerbusch. Dann machte er den einen und anderen Schritt sogar wieder in Richtung des jungen Prinzen mit dem Pferd seines Vaters.

Immer langsamer und scheinbar nebensächlicher in den Bewegungen ging dieses Spiel nun einige Zeit hin und her. Das Spiel um den ausreichenden Raum zur Flucht, um das rechte Maß der Bewegungsfreiheit, das den notwendigen Abstand prüft und Kontakt noch nicht zulässt. Das Spiel um Distanz und Nähe, um Kontrolle und Freiraum. Das Spiel um Vertrauen.

Bisher spielte es Alexander mit Daphnes Hilfe. Wenn jetzt nach dem Interesse auch das Vertrauen des Hengstes zu wachsen begann, dann galt es wohl eher ihr. Alexander selbst wollte es aber von Bukephalos haben. Er traute sich zu, es zu bekommen. Das erforderte allerdings den Mut zum Risiko – und der war nahtlos verbunden mit der Demut, sich auszuliefern und auf den Rückhalt zu verzichten, den Daphne ihm bis jetzt bot.

Drum stieg er ab von ihr und strich ihr über den Hals. Er legte seinen Kopf kurz an ihre Stirn und bedankte sich für ihre Hilfe. Aus der Satteltasche nahm er noch ein mehrere Meter langes Seil. Das könnte er vielleicht brauchen, dachte er. Denn wenn es ihm gelingen würde, Bukephalos' Vertrauen zu gewinnen, könnte es ihm nützlich sein, um sich auch seinen Respekt zu erarbeiten.

Dann holte er tief Luft, um sich vor Daphnes Kopf mit direktem Blick in ihre Augen so groß wie möglich zu machen.

Mit einer fast bedrohlich wirkenden schnellen Bewegung hob er beide Arme, wie wenn er sie wegstoßen wollte, und rief ihr zu: »Geh! Lauf nach Hause!« Daphne schien diese Aufforderung zuerst nicht verstehen oder auch nicht wahrhaben zu wollen und suchte mit dem Kopf wieder seine Nähe. Als er aber diesen Befehl in gleicher Art wiederholte, verstand sie. Die königliche Stute drehte sich um und lief in mäßigem Trab in Richtung des Palasts und der Stallungen.

Jetzt hatte er sich ausgeliefert. Nicht auf Leben und Tod, denn sicher wird man ihn nach einiger Zeit suchen und mit Daphnes Hilfe wohl auch finden. Doch sein Risiko, als vorlauter Sohn auf dem Weg nach Hause von den Knechten aufgelesen und dann vom Vater mit Vorwurf und Schadenfreude gemaßregelt zu werden, war deutlich größer geworden. Er wollte es aber wissen: Wird Bukephalos sich mir zuwenden?

Dass der Hengst vor ihm keine Angst mehr hatte, dessen war er sich gewiss. Er konnte sich ja jetzt aus freien Stücken entscheiden. Aus dieser Entfernung konnte Alexander keinen körperlichen Zwang und Druck auf ihn ausüben. Er hatte freiwillig auf die Machtposition verzichtet. Das war sein Angebot des Vertrauens. Bukephalos war durch nichts gezwungen, dieses Angebot anzunehmen. Und er würde es nur annehmen, wenn er ihm zutraute, ein Partner zu sein, der ihm Schutz, Sicherheit, Führung bietet.

So spielte Alexander nun ohne seine Stute zu Fuß das Spiel um Nähe und Distanz mit ihm weiter. Jetzt verringerte sich langsam wieder der Abstand, der gewachsen war, als er von Daphne abgestiegen war und sie weggeschickt hatte. Die heftigen Bewegungen dabei hatten auch Bukephalos wieder zu ein, zwei Sprüngen und einigen Schritten in Richtung Sicherheit bewegt.

Alexander und Bukephalos – II

Dieser Abstand schmolz jetzt wieder ein wenig, doch näher als etwa vierzig, fünfzig Meter ließ der Stierkopf ihn nicht heran. Schon gar nicht, wenn er ungeduldig wurde und ein paar schnellere Schritte machte. Auch nicht als er sich, von einem Busch verdeckt, mit angehaltenem Atem anschlich. Drum wendete sich Alexander jetzt wieder mit dem Blick in die Gegenrichtung, in der nur noch ein orangevioletter Streifen am Horizont erkennen ließ, wo die Sonne untergegangen war.

Er setzte sich auf ein dichtes Büschel von strohig ausgetrocknetem Gras, und ihm kamen nun doch einige Zweifel: War es nicht zu verwegen, zu leichtsinnig gewesen, Daphne heimzuschicken? Oder war's ganz einfach überheblich?

Die Sonne war inzwischen untergegangen, und Alexander wusste, dass wohl bald sein Vater zur Suche nach ihm auffordern werde. Die Knechte würden dann Bukephalos wieder von Neuem ängstigen und vertreiben, und alles bisher würde umsonst gewesen sein.

Die Bedenken über die Chancen seines Bemühens um diesen wilden Hengst begannen mit jedem der Sterne, die nun einer nach dem anderen auf der schon dunkleren Ostseite des Horizonts zu erkennen waren, zu wachsen: Seine Ankündigung, den Hengst wieder heimzubringen, und seine Anmaßung, er wisse, wie man ein solches Pferd behandle … Da hatte er sich wohl doch etwas zu viel zugetraut. Warum sollte es sich ihm anvertrauen? Was konnte er ihm denn bieten? Womit konnte er es überzeugen? Was konnte es denn von den großen Plänen wissen, die er in seinen visionären Phantasien zu kühnen Szenen der Eroberungen entwickelte – mit seinen Freunden als Heerführer, mit sei-

nen Soldaten als loyalen Mitstreitern und mit seinem Pferd als Partner?

So saß er auf diesem trockenen Grasbüschel und begann zornig den Stängel eines Schierlings zu knicken und abzubrechen. Als ihm der milchige Saft von der Hand auf den Unterarm lief, begann er zu frösteln. Mit der Dämmerung kam eine kühlende Brise vom Meer her auf.

Was er jetzt zu spüren glaubte, das sah, hörte, tastete, roch er zunächst nicht. Er hatte einfach nur erst das Gefühl, gefolgt von einer Vermutung, die in Hoffnung überging. Und dann die Gewissheit: Etwas war ganz nahe hinter ihm. Dann hörte er und gleich darauf fühlte er den warmen, feuchten Atem. Bukephalos stand unmittelbar hinter ihm.

Alexander wagte es nicht, sich umzudrehen, um ihn nicht durch eine unerwartete Bewegung, durch einen zu direkten Blick zu erschrecken. Er hob ganz langsam die rechte Hand mit der Handfläche nach unten bis knapp über Kopfhöhe. Da spürte er erst den feuchtwarmen Atem, danach die samtweichen Nüstern auf seinem Handrücken.

Vorsichtig drehte er die Hand um. Und spürte, wie die Zunge des Pferdes seine Handfläche abtastete. Er streckte die Hand dem leicht zitternden Hals des kräftigen Tieres zu und begann es zur Mähne hin zu streicheln. Bukephalos senkte den Kopf und schien den Hals sogar ein wenig gegen die Hand zu drücken, als ob er sein Einverständnis noch bestätigen wollte.

»Bukephalos«, sagte Alexander mit leiser Stimme, »willst du bei mir bleiben? Bei uns am Hof in Pella? Du wirst mit mir die Reiterei im Heer meines Vaters anführen. Es wird kein

Alexander und Bukephalos – II

ruhiges und kein ungefährliches Leben, aber ein solches wäre wohl ohnehin nicht nach deinem Geschmack und Temperament.«

Als ob er ihn verstehen und zustimmen würde, drehte der Hengst seinen Kopf zum makedonischen Prinzen. Der sah, dass sein Blick nun völlig anders geworden war. Das ihm zugewandte Auge war klar und dunkel und in ihm spiegelte sich schon der aufgehende Mond. In seinem Licht leuchtete nun auch der weiße Fleck auf der Stirn.

»Und wenn ich einmal der König Makedoniens und ganz Griechenlands sein werde, dann wirst du mir helfen, unser Reich zur aufgehenden Sonne hin zu erweitern. Möchtest du mich dorthin tragen, wo unsere Kaufleute Gewürze, Seide und Edelsteine herbringen? ...« Als ob er mehr von der gemeinsamen Zukunft hören wollte, neigte sich Bukephalos zu Alexander, der weiter und weiter redete.

Die Stimme wirkte von einem Satz zum nächsten beruhigender auf das Tier, das unter dem Zwang, dem er entkommen wollte, eine Hand voll Männer in Angst versetzt hatte. Alexander hatte jetzt das Vertrauen des Hengstes.

Der zweite Schritt:
Vertrauen gewinnt über Kontrolle

»Vertrauen ist für alle Unternehmungen
das Betriebskapital, ohne welches
kein nützliches Werk auskommen kann.«

Albert Schweitzer

Kontrolle ist gut, Vertrauen ist besser

Alexander gewinnt das Vertrauen des Pferdes, das ihn als seinen Führungspartner akzeptieren soll. Wie er das macht, kann auch Managern als zweite Lektion zum Entwickeln von Führungscharisma dienen.

Vertrauen liegt vom Wortklang und auch vom Inhalt her nicht zufällig in der Nachbarschaft von »sich (etwas) trauen«. Es hat also mit Risiko zu tun – und das macht dieses Thema offensichtlich so schwierig in der Welt der Wirtschaft. Vor allem dort, wo vertraglich verpflichtete Manager ihren Share- und Stakeholdern, wo die kleinen Chefs den großen Bossen und die wiederum den Eigentümern ständig Rechenschaft ablegen müssen, dass sie alles bedacht und alles abgesichert, alles im Griff und alles unter Kontrolle haben. Wo hat denn da noch Vertrauen Platz?

Der zweite Schritt: Vertrauen gewinnt über Kontrolle

Mit Risikoanalysen und strategischen Kennzahlen, mit Qualitätshandbüchern und Zertifizierungsprozeduren wird vorgeschrieben und gemessen, wird kontrolliert und evaluiert, wird auditiert und reportiert. Auch wenn Lenin zusehends als Schreckgespenst des Menschen verachtenden Irrtums eines vergangenen Jahrhunderts im Bild der Geschichte verblasst, hängen liberalste bis konservativste Generationen von Managern unerbittlich und unverbesserlich der ihm zugeschriebenen Maxime nach: »Vertrauen ist gut, Kontrolle ist besser.«

Dieser Satz eignet sich für den Machterhalt unfähiger Gewalthaber in unterdrückenden wirtschaftlichen oder politischen Organisationen. Es dauerte einige Zeit, bis das Staatssystem, das diese Maxime hochhielt, überzeugend scheiterte. Wenn ein Drittel der arbeitsfähigen Bevölkerung damit beschäftigt ist, ein zweites, arbeitendes Drittel zu kontrollieren, und das dritte Drittel davor verschreckt in Deckung erstarrt, muss dieses System letztlich an seiner mangelnden Wirtschaftlichkeit scheitern. Freilich sind dann auch die Gegenausschläge des Pendels, wenn der Kontrolldruck nachlässt, in Form des wildwüchsig mafiosen Radikalliberalismus noch nicht die Lösung, sondern der Anlass für neues angstvolles Misstrauen.

In Unternehmen entsteht durch diese falsche und dumme Leninparole halbherziges Delegieren mit chronischer Rückdelegation. Begleitet wird es vom Gejammer über die Mitarbeiter, die keine Verantwortung übernehmen, und scheinheiligem Klagen über den Stress, den man hat, wenn man von zwei Tagen Dienstreise zurückkommt ...[16] Dahinter steht in Wirklichkeit die eitle Koketterie mit der eigenen Wichtigkeit.

---

16 Dazu mehr bei Hendrich: »*Die vier Energien der Führung*«, S. 62 ff.

Deshalb kontrolliert man, was nur irgendwie zu kontrollieren ist, und setzt dort mit dem Vertrauen ein, wo die Kontrollmöglichkeiten enden. Dabei wären die Entwicklung und das Erstarken des Controllings (deren Akteure nicht müde werden, seine begriffliche Verwandtschaft mit der Kontrolle zu dementieren) ein ideales Instrument, *Selbstverantwortung* zu stärken, indem es die Steuerungsziffern für die Selbstkontrolle liefert. Dem stehen aber zwei Hürden im Weg, über die nur wenige zu springen bereit oder imstande sind: *Machtverzicht* und *Selbstvertrauen*. Diese beiden Qualitäten sind dafür zuständig, dass man anderen etwas zutraut und sich etwas traut – und dann kann Vertrauen entstehen.

Zur Sicherheit sei aber schon festgehalten, dass hier nicht das Plädoyer für Willkür und Chaotentum gehalten werden soll. Ich würde mich schön bedanken, wenn mein Auto ohne Qualitätssicherung und -kontrolle erzeugt wird und der Kapitän beim nächsten Flug den Kontrollturm beschwichtigt: »Vertrauen Sie mir nur, ich weiß schon, wo's langgeht ...«

Vereinbarungsgemäßes *Absichern von Verlässlichkeit* ist nicht Misstrauen. Erst dadurch ist das Vertrauen möglich, dass man sich in ein Auto setzt und darauf vertraut, dieses werde sich erwartungsgemäß beim Bremsen und Beschleunigen verhalten (und die Geräte der anderen Straßenbenützer rundum auch), und dass man sich einem Piloten und seinem Lufttaxi ausliefert. Wenn diese Vertrauensbasis da ist, sollten wir aber rechtzeitig loslassen vom Kontrollbedürfnis oder Misstrauen – und das tun wir ja auch, denn sonst würden wir uns auf keine Autobahn und in kein Passagierflugzeug trauen. Hier sehen wir ja auch, dass Vertrauen letztlich immer heißen wird, sich auszuliefern.

Der zweite Schritt: Vertrauen gewinnt über Kontrolle

Sehen wir uns das nochmals kurz bei Alexanders Vertrauensaufbau zu Bukephalos an: Er hätte gar keine Chance gehabt, zu diesem wilden, gequälten, gefesselten, verängstigten Tier Vertrauen aufzubauen, wenn er ihm nicht zuerst die Freiheit gegeben hätte, in der es sich auch fürs Davonrennen entscheiden konnte. Das tat der Hengst zunächst auch, durchbrach die Barrieren des Reitplatzes und raste los.

Wäre Alexander nur der brave Sohn gewesen, der ständig das Wohlgefallen seiner Umgebung braucht, dann wäre er dieses Risiko auch gar nie eingegangen. (Wie weit freilich gerade in jugendlichen Jahren Mut nicht ein Zeichen von Selbstsicherheit, sondern von mangelnder Einsicht ins Risiko ist, das ist hier ein anderer Aspekt ...)

Wer unter ständigem Bestätigungszwang und Rechtfertigungsdruck steht, dem bleibt wenig Möglichkeit fürs Risiko. Und wer schon sich selbst nicht vertraut, hat diesen Druck nicht nur von außen, sondern auch gleich dazu von innen. Die Anleitung zum Vertrauen scheint wohl mit dem Liebesgebot der heiligen Bücher im Einklang zu stehen: »Liebe deinen Nächsten wie dich selbst« heißt wohl auch: Anderen kann nur trauen, wer sich selbst vertraut.

Dieser erste Schritt in unserer Geschichte aus der Antike endete allerdings damit, dass die Entscheidung zugunsten der Flucht fiel. Nun setzte Alexander den zweiten Schritt. Er zeigte dem Flüchtenden zunächst *Wertschätzung* und Interesse mit dem impliziten Hinweis: So schnell gebe ich dich nicht auf! Da war freilich auch schon der Druck zu spüren, der ihm – wie im dritten Abschnitt zu sehen sein wird – den notwendigen Respekt einbringen soll.

Kontrolle ist gut, Vertrauen ist besser

Als er Bukephalos mithilfe der königlichen Stute eingeholt hat, könnte er ihn weiter unter Druck setzen, ihn einschüchtern, ihm drohen, ihn vielleicht sogar zermürben, ihn gemeinsam mit den Knechten in die Enge treiben und wieder mit Gewalt einfangen. Dann wären sie im besten Fall ein Unterwerfungsverhältnis eingegangen. Es wäre ein Verhältnis von Druck und Kontrolle geworden, in dem der Druck ständig aufrechterhalten, Kontrolle ständig weiter ausgeübt werden muss – zumindest bis der Freiheitsdrang unter Gewohnheit und Resignation untergegangen ist. Einen solchen Partner wollte Alexander nicht.

Alexander wollte keinen Sklaven. Er wollte einen Partner und er wollte Vertrauen. Um das zu bekommen, musste er zuerst auf seine Macht verzichten. Er bot Vertrauen an, indem er sich machtlos zeigte und sich auslieferte. Er schickte Daphne nach Hause und adressierte damit an Bukephalos das Angebot zum Vertrauen im totalen Risiko. Bukephalos nahm es an – nicht, um nett und freundlich zu sein, sondern, weil Kontakt und Zugehörigkeit ihm ein Bedürfnis waren, das ein vertrauenswürdiges Angebot brauchte.

Hier lohnte sich für den Prinzen offensichtlich nicht nur das Schärfen seiner Wahrnehmung, sondern auch seine Neugier und Lernbereitschaft. Von seinem Lehrer Aristoteles hatte er gehört, was dieser vorher einerseits in der Akademie des Plato gelernt und aus dem Werk Xenophons gelesen hatte: Der Mensch ist ebenso wie das Pferd ein *Zoon politikon*. Auf Pferde bezogen heißt das »*Herdentier*«, für die Anwendung auf den Menschen klingt »*soziales Wesen*« vermutlich annehmbarer.

Beide Wesen sind nicht alleine überlebensfähig und suchen daher instinktiv nach Partnerschaften, in denen sie

Schutz, Geborgenheit, Sicherheit finden. Sie suchen nach einer Führung, der sie vertrauen können. Nicht aus angelerntem Wohlverhalten oder Altruismus, sondern aus Überlebensegoismus. Wenn eine Gruppe ihm Leid zufügt oder es in Angst versetzt, flüchtet ein solches Wesen aus ihr. Seinen Individualismus pflegt es dann, solange das Umfeld genügend Ressourcen zur Verfügung stellt. Sobald diese knapp werden, sucht es wieder den Schutz einer Gruppe mit vertrauenswürdiger Führung.

Stress macht Angst – Angst macht Stress

Vertrauen basiert auf *Berechenbarkeit, Verlässlichkeit, Glaubwürdigkeit* und *Kompetenz*. Die Suche nach Vertrauen und die Auswahl vertrauenswürdiger Partner finden ständig in jeder Begegnung als Programm statt, dessen sich der Mensch kaum mehr bewusst ist als ein Pferd. Das läuft beim Pferd (und vermutlich nicht nur bei ihm) nicht über Analysieren, Verstehen und Interpretieren, sondern mit *hoch sensiblem Wahrnehmen* und *instinktivem Reagieren*. Der Weltmeister der sinnlichen Wahrnehmung, als den wir das Pferd schon im ersten Abschnitt kennen gelernt haben, verarbeitet instinktiv körpersprachliche Signale, die dem, der sie aussendet, zumeist gar nicht bewusst sind.

Dieser Teil der Kommunikation, der von den Messtechnikern des Verhaltens immer wieder übersehen wird, läuft nicht über den kognitiven Teil des Gehirns – weder beim Pferd noch beim Menschen, sondern im limbischen System. Dieses tastet die subtilsten Nuancen in Bewegung oder Stimme, in Blicken, Worten, Gesten auf ihre Bedeutung ab, sortiert und beurteilt sie, ehe sie uns bewusst werden. Es arbeitet etwa 80.000-mal schneller als die Großhirnrinde des Bewusstseins.[17] Dort werden die bis zu zehn Millionen Byte Input pro Sekunde sortiert und bewertet, die unsere Sinne liefern, während das Bewusstsein nur 126 Byte an Information und 40 Byte an menschlicher Sprache pro Sekunde verarbeiten kann.[18]

Das ist es auch, was Manager beim Führungstraining mit Pferden erfahren können. Das kann ihnen helfen, ihren eigenen Horse-Sense zu entwickeln oder zu verstärken. Da es nichts als die totale Ehrlichkeit kennt, spiegelt das Pferd seinem zwei- oder vierbeinigen Gegenüber im selben Moment, in dem es wahrnimmt, ob es den Partner für vertrauens- und glaubwürdig hält.

Vom Mitarbeiter erfährt solches die Führungskraft vielleicht irgendwann oder auch gar nicht. Denn da wird das unbewusst Erlebte erst einmal – vielleicht, gar nicht zwingend! – bewusst gemacht und dann in den kognitiv arbeitenden Gehirnteilen analysiert und abgewogen. Die darauf folgende Reaktion wird durch Nützlichkeitsaspekte gefiltert – und »von des Gedankens Blässe angekränkelt« wird das Gemeinte »Sie glauben doch nicht im Ernst, dass ich Ihnen das jetzt abnehme! Das halte ich für völlig unmöglich…« zum Gesagten: »Na ja, wenn Sie meinen, liebe Chefin, ich würde es halt einmal versuchen …«

Feedback über Vertrauen und Glaubwürdigkeit gibt es nirgends so prompt und so direkt wie vom Partner Pferd. Wer Vertrauen bekommen will, muss erst ein glaubwürdiges Angebot mit eigenem Selbstvertrauen und mit Bereitschaft

---

17 L. Machado: »*The Brain of the Brain*« (Cidade do Cerebro 1990).
18 R. Hainer: »*Rationalism, Pragmatism and Existentialism*«, in E. Glatt und M. Shelly: «, *The Research Society*« (New York 1968).

zum Risiko machen. Die erste Hürde ist dazu für manche schon die Angst, ungeschützt zu diesem großen Tier in die Koppel zu gehen, das noch dazu ungestüm oder nervös auf und ab läuft. Auch die dazu lernbare Lektion lässt sich nahtlos auf die Verhältnisse im Berufsleben übertragen.

Es gibt – bis auf wenige pathologische Ausnahmen – keine aggressiven oder bösartigen Pferde. Es gibt allerdings viele verängstigte, viele verschreckte, die durch ängstliche, aggressive, unsichere oder defensive Kommunikation mittels Stimme und Bewegung in ihrer misstrauischen Unruhe bestärkt werden. Was sie suchen, ist die Ruhe des Selbstsicheren. Stress löst Angst aus, bewirkt Suche nach Distanz, hat Flucht zur Folge – und im Bedrohungsfall auch Angriff.

Es gibt – bis auf wenige pathologische Ausnahmen – keine aggressiven oder bösartigen Mitarbeiter. Es gibt allerdings viele verängstigte, viele verschreckte … *(Lesen Sie jetzt bitte den letzten Absatz noch einmal – aber beziehen Sie ihn diesmal nicht auf Pferde!)*

Die innere Ruhe dessen, der nicht verbissen etwas erreichen will, zieht an. In der Tradition des Zen ist die gereifte Form davon als das »willenlose Tun« bekannt. Es hat wohl auch mit dem zu tun, was dem machtverliebten Macher-Bedürfnis so zutiefst widerspricht: Demut. Alexander praktiziert sie, als er Daphne nach Hause schickt und sich so für sein Vertrauensangebot »entwaffnet«.

Mut zur Demut

John Boorman, einer der Filmregisseure mit tiefstem Symbolverständnis, illustriert diese Führungsqualität überzeugend in seiner Filmversion des Artusmythos, also der Geschichte des sagenhaften Königs Arthur:

> Weil er als einziger ›Excalibur‹, das Schwert der Macht, aus dem Stein ziehen kann, zeigt der als angebliches Findelkind vom Zauberer Merlin aufgezogene Knappe Arthur, dass er der rechtmäßige König ist. Im Kampf bekommt er den Ritter Urienz wehrlos vor die Schwertspitze und verlangt seine Unterwerfung. Der macht ihm jedoch klar, dass sich ein gestandener Ritter nicht einem dahergelaufenen Knappen unterwerfen könne, denn die Sache mit dem Schwert Excalibur könnte ja nur so ein Zaubertrick des listigen Merlin gewesen sein. Da überreicht ihm Arthur das Schwert Excalibur und kniet sich ungeschützt vor ihm nieder, damit Urienz ihn zum Ritter schlage. In dieser todesmutigen Demut erkennen alle die höchste Form von Mut und somit die absolute Berechtigung, nun nicht nur Ritter, sondern auch König aller Ritter zu sein.

Jetzt mal schön langsam, höre ich die Realpolitiker der Unternehmensführung murren:

Achtsamkeit – da mach ich noch mit. Schließlich haben wir schon Awarenesstraining gemacht, und vorsichtig muss man ja immer sein ...

Glaubwürdigkeit – das geht ja noch, das wird als Reliability schon seit längerem von ganz vernünftigen und sachlich argumentierenden Beratergurus eingefordert.

Vertrauen – das hat jetzt auch Hochsaison nach all den Verunsicherungsschocks mit den New-Economy-Glücksrittern und Old-Economy-Bilanzgestaltern.

Der zweite Schritt: Vertrauen gewinnt über Kontrolle

Aber *Demut* – das greift doch zu tief in die esoterische Kitschkiste der Softies, Beckenrandschwimmer, Hochzeitstagmerker und Mitarbeiterversteher ...

Und doch ist Führungscharisma nicht ohne diese Qualität zu haben. Nicht nur, wenn wir das Vertrauen von Pferden wollen. Wechseln wir daher die Szene.

Wie sehen die Vertrauensangebote heute in den Unternehmen aus, und in welchem Verhältnis stehen sie zu den Misstrauenskundgebungen des betrieblichen Alltags? Wann geht der Manager aus der Deckung? Wann legt er seinen Schutzpanzer des Allwissenden ab, der alles im Griff hat? Wann liefert er sich den Mitarbeitern aus, weil er sich auch noch ohne seine Machtinstrumente und »unbewaffnet« sicher genug fühlt und auch sich stark genug weiß, das Scheitern zu riskieren?

Oder wie groß ist wohl seine eigene Zukunftsangst, dass er sich mit den Megaabfertigungen der blanken Gier absichert, die er noch schnell kassiert, bevor die Konkursreife nicht mehr zu leugnen ist? Wie kann man sich vertrauensvoll an jemanden anlehnen, dessen Angst vorm Scheitern (vermutlich berechtigterweise) so groß ist, dass er sich den möglichen Sturz mit millionendicken Geldscheinstapeln polstern muss?

An den Punkten der *Selbstsicherheit* und der demütigen *Selbstentwaffnung* mit Mut zum Risiko aus Vertrauen in die eigenen Fähigkeiten unterscheidet sich die starke (bis gar charismatische) Führungspersönlichkeit von der scheinstarken.

Unterwegs lässt sich dieser Unterschied täglich daran testen, ob sie gelegentlich die folgenden drei Sätze über die Lippen bringt:

1. *Das weiß ich nicht.* (Aber ich werde mich gerne schlau machen – oder können Sie mir's vielleicht sagen?)
2. *Bitte hilf mir.* (Denn ich komm da jetzt alleine nicht weiter ...)
3. *Das hab ich falsch gemacht.* (Und würde es heute so oder anders oder gar nicht machen: ...)

Wer diese Sätze dreimal täglich braucht, sollte freilich über seine Fachkompetenz nachdenken. Wer sie aber nie gebraucht, sollte sich über sein Allmachts-, Allwissenheits- und Unfehlbarkeitsgehabe Gedanken machen. Dieses abzulegen ist die erste Voraussetzung, Glaubwürdigkeit und Vertrauen zu gewinnen und gleichzeitig Nähe und Wärme zu schaffen. Der Preis dafür ist das Risiko, sich kurzfristig schutzlos zu präsentieren.

Mut und Demut sind keine Widersprüche und schließen einander nicht aus. Im Gegenteil: Demut ist eine sehr hohe Form von Mut – und mutige Führung ist etwas recht Unspektakuläres. Das ist der Mut zum eigenen Denken ebenso wie der Mut zum Querdenken und zum Schwimmen gegen den Strom. Das ist der Mut zum Nichtwissen und damit Eingestehen der eigenen Unvollkommenheit ebenso wie der Mut zum Fehlermachen anstatt der mutlosen Entscheidungsvermeidung.

Es ist auch der Mut, Verantwortung zu übernehmen, sich zu bekennen und sich nötigenfalls aufzulehnen. Und es ist nicht Demut, sich auf Anordnungen von höheren Amtsinhabern zu berufen, gegen deren Befehle sich zu stellen der Mut fehlt.

Mut heißt auch, demütig sich selbst in die Waagschale der Entscheidung zu werfen, anstatt die Arbeitsplätze anderer ...

Vertrauen beginnt früh – oder nie

Voraussetzung für gleichermaßen mutige wie demütige Risikobereitschaft sind die *Selbstsicherheit,* sich diese leisten zu können, und das Vertrauen, dass mein Gegenüber nicht zustechen, sondern mir helfen wird. Zumindest empfiehlt sich diese Grundhaltung als erster Versuch, bis man vom Gegenteil überzeugt wird. Es geht also um die Frage: Ist meine Basiseinstellung Misstrauen, bis sich die Umwelt durch ausreichend kontrollierte und abgesicherte Beweise mein Vertrauen erarbeitet hat? Oder ist die erste Annäherung grundsätzliches Vertrauen, das erst ausreichende Gegenbeweise braucht, um aufgekündigt zu werden?

Dieses Urvertrauen ist allerdings etwas, das nicht von heute auf morgen mit affirmativer Vorsatzbildung laut neurolinguistischen oder sonstigen psychologischen oder psychologisierenden Rezeptbüchern erhältlich ist. Es ist – und damit sind wir wieder bei der Frage der Lernbarkeit von Führungscharisma – ein Persönlichkeitsmerkmal, das sich in frühester Kindheit ausbildet oder verbildet.

Da ein Kleinkind noch weniger als ein Erwachsener allein überlebensfähig ist, muss es sich verlassen können, dass seine körperlichen und auch emotionalen Grundbedürfnisse regelmäßig gestillt werden. Es muss also Vertrauen in die Zuverlässigkeit und Berechenbarkeit der Personen entwickeln, denen es ausgeliefert ist. Ist diese Sicherheit gegeben, entwickelt es Vertrauen als Lebensprinzip. Wird diese Verlässlichkeit – durch welche äußeren Ereignisse auch immer, an denen die Eltern schuld sein können, aber nicht unbedingt müssen – gestört, ist die Folge Misstrauen und Angst, sich jemandem auszuliefern.

Man steigert sich in den Narzissmus der eigenen Perfektion: So gut wie ich ist halt keine, kann's halt keiner. Deshalb kann ich mich auch nur auf mich verlassen. Nahezu absurd ist ja die scheinheilige Suche solcher Führungskräfte nach selbstständigen Mitarbeitern. Unter einem solchen verstehen sie nämlich jemanden, der alles so gut macht – heißt: *so* macht – wie sie. Auf die oder den ist dann Verlass.

Der bis zum vorauseilenden Gehorsam unterwürfige Exekutor oder Nachahmer, der auf das Einbringen eigener Ideen verzichtet und sie dann besser auch gar nicht mehr entwickelt, wird als »selbstständig« und verlässlich bezeichnet. (Auch wenn man dann freilich seine mangelnde Innovationskraft beklagt, die man allerdings selbst im Keim erstickt.)

Die individuelle Entwicklungsgeschichte gestaltet auch das Menschenbild, und dieses wiederum prägt den persönlichen Führungsstil. Douglas McGregor[19], einer der Klassiker der Motivationsforschung, polarisierte dies einst in seiner X/Y-Theorie, die hier noch immer nützlich sein kann, um Vertrauen oder Kontrollbedürfnis als Führungsqualitäten zu verstehen.

---
19 D. McGregor: »*Der Mensch im Unternehmen*« (Düsseldorf/Wien 1973).

Der zweite Schritt: Vertrauen gewinnt über Kontrolle

Das Menschenbild X sieht Mitarbeiter als Leistungsvermeider, die durch Anordnung und Kontrolle zu einem produktiven Beitrag genötigt werden müssen. Das Menschenbild Y schreibt Mitarbeitern a priori ein Leistungsbedürfnis zu, das durch sinnvolle Zielsetzungen angesprochen werden kann und externe Kontrollen weitgehend unnötig macht. Bei Managern mit dem Menschenbild X wurde Führungscharisma bisher nicht festgestellt.

Es sind zwei grundsätzlich unterschiedliche Weltbilder, und wir können uns aussuchen, welches wir für unseren Blick auf die Umwelt maßgeblich machen wollen: das Paradigma der Kontrolle oder das des Vertrauens. Das Fatale daran ist: Auf längere Sicht stimmen beide. Denn der ständig Kontrollierte wird versuchen, sich diesem Druck zu entziehen, und dadurch bestätigen, wie dringend er notwendig ist – oder er wird sich ihm anpassen und nur auf Anordnung und Kontrolle abgesichert tätig sein. Der mit Vertrauen Geführte wird zumeist die gewährten Freiräume für eigene Ideen und Initiativen nutzen.

Auch hier – wie bei der Wahl des Führungsstils – gilt: Es geht nicht um richtig oder falsch. Es geht lediglich darum, sich seine Entscheidung bewusst zu machen – für sein Weltbild genauso wie für seinen Führungsstil, denn die beiden bedingen einander ohnehin nahtlos und unerbittlich in ständiger gegenseitiger Bestätigung.

Laut McGregor können wir uns aussuchen, von welchem Menschenbild wir unser Führungsverhalten beeinflussen lassen. Polarisiert vereinfacht stehen diese beiden zur Wahl:

> **Das Menschenbild X**
>
> Der Mensch hat eine angeborene Abneigung gegen Arbeit und versucht ihr aus dem Weg zu gehen, wo er nur kann. Deshalb müssen die Mitarbeiter kontrolliert und mit Strafandrohung gezwungen werden, einen produktiven Beitrag zum Erreichen der Unternehmensziele zu erreichen. Der Mensch will gerne geführt werden, möchte Verantwortung vermeiden, hat wenig Ehrgeiz und strebt vor allem nach Sicherheit und Bequemlichkeit ...

> **Das Menschenbild Y**
>
> Der Mensch strebt danach, sich zu beschäftigen. Arbeit und ihm sinnvoll erscheinende Aufgaben sind ein wichtiger Quell seiner Zufriedenheit. Wenn der Mensch sich mit den Zielen seines Unternehmens identifiziert, sind externe Kontrollen unnötig; er wird Selbstkontrolle und eigene Initiativen entwickeln. Die wichtigsten Arbeitsanreize sind die Befriedigung von Sinnsuche und das Streben nach Selbstverwirklichung ...

Die spontane Erstreaktion auf diese provokante Polarisierung ist meistens: »Ja, es gibt solche und solche und so schwarz-weiß kann man das nicht sehen ...« Doch darum geht es ja nicht. Es geht vielmehr darum, dass sich jede dieser Sichtweisen bestätigen lässt – nur kann ich mir aussuchen, in welche Richtung ich die Spirale der sich selbst erfüllenden Prophezeiung in Bewegung setzen will.

Der zweite Schritt: Vertrauen gewinnt über Kontrolle

In Richtung X durch Misstrauenskultur mit Druck und Kontrolle, der natürlich jeder zu entgehen versucht, sodass als Reaktion auf diese Einengung nur Frust, Desinteresse und Passivität entstehen, die durch mehr Druck und Kontrolle bekämpft werden müssen.

Oder in Richtung Y durch Vertrauenskultur mit der intelligenten und einfühlsamen Gestaltung von Herausforderungen, deren Erfüllung durch ausreichende Informationen als sinnvoll erkannt und daher selbst kontrolliert wird.

Freilich hat McGregor das schon vor Jahrzehnten so formuliert. Sicher beruht dieser Aufruf zum Führungsparadigma des Vertrauens auf der noch einige Jahrzehnte älteren humanistischen Psychologie des Abraham Maslow, und letztlich verdichtet sich dieses Postulat in Friedrich Nietzsches Kürzestfassung der sinnorientierten Führung: »Ein Mensch, der weiß wofür, erträgt fast jedes Wie.«

Und dennoch entsprechen Organisation und Führungsstil weithin zumeist der Misstrauenskultur beruhend auf dem Menschenbild X ...

Vertrauenskultur statt Verhaltenskontrolle

Darüber könnte man nun resignierend mit Bert Brecht singen: »Ein guter Mensch sein, ja, wer wär's nicht gern? Doch die Verhältnisse, die sind nicht so!« Oder wir sollten auch hier die Wahlfreiheit nutzen und uns von den Beispielen bestätigen und anstecken lassen, an denen *Vertrauenskultur* zu erfahren und zu lernen ist.

Vertrauenskultur statt Verhaltenskontrolle

Weder Betriebe noch Manager mit der Unternehmens- und Führungskultur des Misstrauens gehören zu den auf die Dauer erfolgreichen und überzeugenden. Langfristig auf der Gewinnerstraße sind die, welche Vertrauen gegenüber Kunden und Mitarbeitern zum gelebten (nicht nur geschriebenen!) Kern ihrer Kultur gemacht haben. Ein Beispiel dafür:

Jeder Angestellte eines Ritz-Carlton-Hotels – einschließlich Zimmermädchen und Gepäckpage – kann an Ort und Stelle bis zu 2000 Dollar ausgeben, um die Reklamation oder ein sonstiges Problem eines Hotelgasts zu lösen.[20] Kein »Wenden Sie sich dazu bitte an ..., aber der/die ist heute leider nicht da.« Kein »Dafür bin ich nicht zuständig, das kann nur der Herr Direktor entscheiden ...«. Kein Antragsformular und keine Abwicklungsprozedur – sondern: Vertrauen in die Mitarbeiter, Vertrauen in die Kunden.

»Vertrauensgleitzeit« heißt etwa bei Siemens[21] oder in der Stadtverwaltung Wolfsburg[22] das Arbeitszeitmodell einer Gleitzeit ohne Zeitkontrolle. Dialog und Vertrauen ersetzen die Stechuhr. Die Angaben der Mitarbeiter über ihr in Selbstkontrolle verwaltetes Arbeitszeitkonto werden grundsätzlich als korrekt anerkannt. Maßgeblich für die Leistungsbewertung ist nicht das Abdienen der vereinbarten Zeit, sondern das Erfüllen der vereinbarten Leistung. Bewertet und honoriert wird daher nicht der Verbrauch von Arbeitszeit, sondern das Erfüllen einer Aufgabe.

---

20 R. K. Cooper, A. Sawaf: »*Emotionale Intelligenz für Manager*« (München 1997).
21 »*Personalwirtschaft – Magazin für Human Resources*«, 6/2001.
22 J. Kutscher: »*Praxishandbuch Flexible Arbeitszeit*« (Düsseldorf 2000).

Der zweite Schritt: Vertrauen gewinnt über Kontrolle

Das bringt natürlich mehr Gesprächsbedarf – etwa über klar definierte Ziele, über Auslastung und Anforderungen. Es führt zu einem auf Dialog basierenden, aber ergebnisorientierten Führungsstil in einer *Kultur des Vertrauens.*

Sie kostet etwas mehr Gesprächszeit. Die Kosten für die bisher weiter verbreitete Alternative der kontrollierten Zeiterfassung sollte man allerdings auch nicht unterschätzen:

– Kosten für Installation, Administration und Wartung der Hard- und Software einschließlich ständiger manueller Korrektureingaben, dazu Datenkontrolle, Statistiken und Berichte.

– Bei wechselnden Arbeitsorten macht die elektronische Zeiterfassung an einem Standort keinen Sinn.

– Anwesenheitszeit mit Arbeitszeit gleichzusetzen ist überhaupt mehrfach fragwürdig. (Die Debatten um die Rauchpausen sind nur ein Aspekt von mehreren.)

– Je stärker die Kontrolle, desto geringer ist die Motivation zu Selbstkontrolle und desto größer ist die Versuchung, das System auszuspielen oder zumindest gelegentlich zu überlisten.

Der Umgang mit dem Produktionsfaktor Wissen lässt ja gar keine andere Wahl. Wie soll denn kontrolliert werden, wann Wissen an welchen Orten im Unternehmenssinn eingesetzt, gepflegt, angewendet, erweitert oder verbreitet wird? Oder kennen Sie die Universität, in der die Professoren mit der Stechuhr täglich ein- und auschecken?

Vertrauenskultur statt Verhaltenskontrolle

Dass uns solches bei Vollakademikern oder Topmanagern natürlich nicht vorstellbar ist, bei Produktionsarbeitern oder Beamten schwer wegzudenken scheint – legt das nicht doch offen, dass wir die Menschenbilder X und Y recht locker nach sozialem Status auf unser Umfeld verteilen und parallel dazu Motivation sowie Bereitschaft und Fähigkeit zur Selbstverantwortung unterstellen oder absprechen?

»Managern geht es um das Unternehmenswohl, ihren Mitarbeitern um das eigene Wohl, deshalb müssen die einen die anderen anleiten, beaufsichtigen und kontrollieren.« Solange unser Weltbild von diesem Verständnis geprägt und beherrscht ist, leben wir nach dem Menschenbild X und sorgen auch für dessen täglich neu bestätigtes Weiterleben.

Warum sollten aber auch Mitarbeiter ihr persönliches Wohl hinter das Wohlergehen des Unternehmens, hinter die Dividendenbegehrlichkeit der Aktionäre oder hinter die Finanzierung der Eigentümerlustbarkeiten stellen? Die große Anforderung richtet sich an die Phantasie und Bereitschaft der Arbeitgeber, die Arbeit und ihr kommunikatives Umfeld so zu gestalten, dass Eigennutzen auf die Dauer nur durch Verfolgen des gemeinsamen Nutzens zu erreichen und abzusichern ist.

Wenn beide Seiten einander unterstellen, nicht an der gemeinsamen Erfolgsoptimierung, sondern an der Maximierung des Eigennutzens interessiert zu sein, spielen sie gegeneinander das Belauerungsspiel mit Taktik, Trick und Kontrolle. Erst der Sichtwechsel zu einer Kultur des wertschätzenden Dialogs macht das Vertrauensspiel möglich – und erfolgreich für beide Seiten.

Der zweite Schritt: Vertrauen gewinnt über Kontrolle

Die Erfolgsregeln für Vertrauen

Hier soll nicht blauäugige Vertrauensseligkeit gefordert werden. Vertrauen ist ein Angebot für den Beginn einer Zusammenarbeit. Wenn es nicht angenommen wird, kann ich es ein zweites Mal versuchen. Dann aber ist eine Reaktion notwendig, die dem, der das Vertrauen missbraucht, ein klares Stoppsignal gibt.

Durch das Signal »So mit mir nicht« kann dann neues Vertrauen entstehen – nämlich Vertrauen in die Berechenbarkeit, dass man bei beabsichtigtem Falschspiel auch mit feindseliger Reaktion zu rechnen hat.

Die Spieltheorie hat diese Lehre aus dem Gefangenendilemma entwickelt, das inzwischen in Tausenden von Artikeln bearbeitet und variiert wurde. Es lässt sich in ungefähr diese Geschichte kleiden: Zwei bewaffnete Männer werden festgenommen und eines schweren Raubes verdächtigt, den man ihnen aber nicht nachweisen kann. Man sperrt sie in getrennte Einzelzellen und schlägt jedem vor:

- Wenn du gestehst und dein Kumpan leugnet, gehst du als Kronzeuge frei, und er wird mindestens 20 Jahre lang sitzen; natürlich ebenso umgekehrt.

- Wenn ihr beide gesteht, brauchen wir ja keinen Kronzeugen, das Geständnis wirkt aber als Milderungsgrund, sodass ihr nur zehn Jahre bekommt.

- Wenn keiner von euch gesteht, können wir euch nur wegen unerlaubten Waffenbesitzes und Diebstahls 1 Jahr lang hier behalten.

Somit gibt es diese vier Handlungsvarianten mit diesen Ergebnissen:

		B	
		gesteht	gesteht nicht
A	gesteht	10 Jahre für jeden; somit gesamt 20 Jahre	20 Jahre für B; A als Kronzeuge frei
	gesteht nicht	20 Jahre für A; B als Kronzeuge frei	1 Jahr für jeden; somit gesamt 2 Jahre

Die vernünftige Lösung zur Verlustminimierung ist, zu gestehen, denn ich weiß ja nicht, was der andere tun wird. Dadurch entgehe ich auf jeden Fall der Höchststrafe und bekomme maximal zehn Jahre Haft oder gehe sogar frei, wenn ich gegen den anderen aussage, der auf meine Verschwiegenheit baut.

Die optimale Lösung wäre freilich, zu leugnen. Sie setzt allerdings eines voraus: das Vertrauen, dass der andere auch unser gemeinsames Bestes will und das dafür notwendige Vertrauen, das ich ihm entgegenbringe, auch zu mir hat.

Der amerikanische Mathematiker und Politologe Robert Axelrod[23] wollte es 1979 genau wissen und lud zu einem Turnier ein, bei dem die beste Strategie prämiert wurde. Angenommen war dafür die Situation, dass diese Entscheidung 200-mal hintereinander zu treffen ist.

Unter einer großen Zahl von computergestützten Programmen gewann die einfachste aller Strategien, die ihr

---

23 Robert Axelrod: »*Die Evolution der Kooperation*« (München 1991).

Der zweite Schritt: Vertrauen gewinnt über Kontrolle

Urheber Anatol Rapoport »Tit for tat« nannte – eine kindliche Verballhornung für »This for that«, also: Wie du mir, so ich dir. Auch in weiteren Wiederholungen des Turniers mit 250.000 Einzelentscheidungen bewährte sich diese simple Strategie. Sie beginnt immer mit einem vertrauensvollen Angebot zur Kooperation und antwortet dann mit gleicher Reaktion – kooperativ oder schädigend – auf den vorigen Spielzug des anderen. Sie ist erfolgreich, wenn das Spiel lange genug dauert, dass Vergeltungsmaßnahmen wirksam werden können.

Dieses Spiel um Vertrauen findet täglich statt: zwischen Mitarbeitern, zwischen Abteilungen, zwischen Kunden und Lieferanten, zwischen Konkurrenten ... Im isolierten Einzelfall und bei einer absehbaren, eher geringen Zahl von Runden kann Tricksen durchaus zum Ziel führen und Misstrauen daher notwendig sein. Doch bei einer größeren bis unbegrenzten Zahl von Spielrunden ist rechnerisch nachweisbar, dass nur Vertrauen zum optimalen Erfolg führen kann.

Dazu sollte man aber die »Tit for tat«-Regeln in dieser Reihenfolge beachten:

1. *Beginne freundlich!* Vermittle durch dein Handeln: Ich vertraue dir und will kooperieren.

2. *Wehr dich!* Wenn das Vertrauen nicht erwidert, sondern ausgenutzt wird, dann lass die Gegenseite spüren, dass es auch langfristig ihr nichts bringt, den Eigennutzen auf Kosten des gemeinsamen Erfolgs zu erzielen. Spiele daher auch nicht das Opferlamm, das bereit ist, als »Gutmensch« unterzugehen, denn damit ermöglichst du dem Spielpartner den Erfolg mit seiner Taktik und machst dich somit mitschuldig am Spiel gegen- statt miteinander. (Denn warum sollte er sein Verhalten ändern, wenn er damit erfolgreich ist?)

3. *Sei versöhnlich!* Spiele keine ewigen Nachtrage-, Rabattmarken- oder Revanchespiele, sondern biete nochmals Vertrauen und Kooperation an, ohne Vergangenes aufrechnen zu wollen. Ohne die Bereitschaft zum Schlussstrich und zum neuen Anfang ist neues Vertrauen nicht möglich.

4. *Sei berechenbar!* Lass deine Partner spüren, dass sie mit fairer Zusammenarbeit rechnen können, wenn sie sich kooperativ zeigen; dass sie aber auch mit deinen Vernichtungsaktionen rechnen können, wenn sie versuchen, sich auf deine Kosten zu bereichern.

Auf Führungssituationen übertragen heißt das: Zunächst hat die Führungskraft die Wahl, auf Misstrauen oder Vertrauen (auf X oder Y) zu setzen. Freilich haben auch die Mitarbeiter immer aufs Neue die Entscheidung, Vertrauensangebote aufzunehmen oder ihnen zu misstrauen beziehungsweise sie abzulehnen. Daraus ergeben sich diese vier Handlungs- und auch Ergebnisvarianten:

		Mitarbeiter	
		Misstrauen (X)	Vertrauen (Y)
Führungs-kraft	Misstrauen (X)	hohe Kontrollkosten, wenig Selbstverantwortung, Druck, Tricks, Stress	hohe Kontrollkosten, frustrierte Mitarbeiter, (innere) Emigration, Fluktuation
	Vertrauen (Y)	enttäuschte Vorgesetzte, Rückdelegation, Belauern, schlechte Ergebnisse	offene Kommunikation, Verantwortungsbereitschaft, Selbstkontrolle, Motivation

Jede dieser möglichen Situationen entsteht aus einem anerzogenen oder durch Erfahrungen gelernten Welt- und Menschenbild. Dieses ist auch der Filter unserer Wahrnehmung, der mit erschreckender Präzision ausblendet, was nicht in dieses Bild passt. Mit der Unerbittlichkeit der sich selbst erfüllenden Prophezeiung bestätigen uns diese Filter, dass wir mit der Annahme unseres Menschenbildes Recht hatten.

So hat die misstrauische Führungskraft auf längere Sicht die Mitarbeiter, die diese starke Hand der Kontrolle offensichtlich brauchen (weil sie ihr ja ständig zu entkommen versuchen) – und so hat die auf Vertrauen bauende Führungskraft schließlich das Team, das sich einbezogen und eingebunden, von klar vereinbarten Zielen herausgefordert und zur *Selbstkontrolle* eingeladen fühlt. Ein solches Team ist bereit und befähigt, Verantwortung fürs gemeinsame Ganze mitzutragen.

Die verzerrte Wahrnehmung

Wenn in meiner Stadtwohnung die Tageszeitung an 364 Tagen des Jahres zum Frühstück vor der Türe liegt, ist das selbstverständlich. Wenn sie zweimal nicht dort liegt, ist das ein Beweis dafür, dass man der Zeitungsausträgerin oder gar den Nachbarn nicht trauen kann. Man sollte also eine versperrbare Box anbringen …

Wenn im Thermalhotel jährlich 12.987 Gäste mit dem gleichen Gepäck abreisen, mit dem sie gekommen sind, ist das normal und wird so erwartet. Wenn die restlichen 13 das Saunatuch mitnehmen, ist das sicher zu verurteilen – und auch ausreichender Anlass, im Saunabereich besser keine

Die verzerrte Wahrnehmung

unkontrollierbar zu benutzenden Tücher aufzulegen und damit den 99,9 Prozent ehrlichen Gästen das Misstrauen auszusprechen.

P. S.: Zwei haben auch die TV-Fernbedienung mitgenommen – darum sollen auch die 12.998 anderen das Gerät nicht mehr vom Bett aus bedienen können.

P. P. S.: Voriges Jahr hat auch einer das Fernsehgerät mitgenommen (zur Sicherheit das aus dem Nebenzimmer). Darum werden jetzt alle angeschraubt.

Einige Mitarbeiter kommen später als sie sollen, einige gehen früher. Darum werden jetzt alle mit der Stechuhr – Pardon: mit dem Zeiterfassungscomputer – kontrolliert. Man kann ja keinem wirklich trauen – außer natürlich mir (und dir, meinem momentanen Gesprächspartner).

Die Liste lässt sich anhand von Erlebnissen aus Arbeit und Freizeit noch ausreichend fortsetzen mit Beispielen, die eines zeigen: Aus der Enttäuschung, dass es die totale Sicherheit nicht gibt, entschließen wir uns für die totale Kontrolle. Weil ein paar Prozentpunkte vor oder öfter sogar hinter dem Komma das Vertrauen nicht rechtfertigen, beschließen wir Misstrauen gegen alle.

»Die nicht gestohlenen Dinge, die nicht enttäuschten Erwartungen fallen nicht weiter auf. Sie werden dem Selbstverständlichen zugeordnet und bleiben konsequenzlos. Die vielen gelungenen Kooperationen, die unermesslichen Gewinne durch vertrauensbasiertes Handeln, sie werden kommentarlos eingebucht, ja, sie werden nicht einmal bemerkt. Sie sind zu sichtbar, um aufzufallen. Der *eine* Vertrauensbruch – der wird hingegen intensiv erlebt. Und er

Der zweite Schritt: Vertrauen gewinnt über Kontrolle

ist es auch, der Handeln auslöst. Auf ihn wird reagiert. Er fordert sofort ›Konsequenzen‹.«[24]

»Vertrauen ist ein Mechanismus der Reduktion sozialer Komplexität«, sagt Niklas Luhmann. »Es erweitert zugleich die Möglichkeiten des Erlebens und Handelns und gibt Sicherheit.«[25] Komplexität abbauen heißt in Situationen, Organisationen, Unternehmen Klarheit und Einfachheit bringen. Damit heißt es oft auch auf Absicherungen, Einengungen Verpflichtungen verzichten. Es heißt: vereinfachen.

Was alles an Prozessen und Abläufen kann in einem Unternehmen vereinfacht werden, wenn endlich die hinterhältige Dummheit des Satzes »Vertrauen ist gut, Kontrolle ist besser« durchschaut wird! Das heißt ja noch lange nicht, dass Kontrolle schlecht wäre. Nein: Kontrolle ist gut – aber sie ist nur so lange und dort gut, solange und wo immer wir nicht das Vertrauen haben können, dass sich Mitarbeiter selbst kontrollieren oder dass Kunden erlebtes angebotenes Vertrauen zumindest zum weitaus überwiegenden Teil nicht ausnutzen, sondern mit Vertrauen danken.

Ausgedrückte Wertschätzung und erlebbares Vertrauen binden Mitarbeiter langfristig viel mehr, als Kontrolle und Absicherung das können. Ein sichtbares Zeichen für Wertschätzung ist für Mitarbeiter unter anderem die Investition in ihre Ausbildung und später in ihre weitere Entwicklung durch Fortbildung. Das ist eine Aufwendung, die auch signalisiert: Ich habe in dich und dein Potenzial Vertrauen,

---

24 R. K. Sprenger: »*Vertrauen führt*« (Frankfurt 2002).
25 Niklas Luhmann: »*Vertrauen*« (Stuttgart 1989).

ich traue dir also etwas zu und habe das Vertrauen, dass du das dann auch in meinem Unternehmen anwendest und die Investition somit amortisierst.

So scheint es offensichtlich auch sinnvoll, den erwarteten *return of investment* zu kontrollieren und dazu auch am besten abzusichern. Das heißt: Mit der Ausbildung wird eine mehrjährige weitere Verweildauer – also eine Beschäftigungsverpflichtung, die zumindest von seiner Seite nicht aufgekündigt werden darf – im Unternehmen vereinbart. Der Mitarbeiter darf das Unternehmen von sich aus nicht verlassen, egal wie es ihm hier geht, wie man mit ihm umgeht, wie er sich hier weiterentwickeln kann oder was anderswo lockt.

Was ist nun, wenn es ihn doch anderswohin zieht, er sich aber eine Rückzahlung der Ausbildungskosten nicht leisten kann? Was nützt ein frustrierter Mitarbeiter, innerlich emigriert, durch vertragliche und finanzielle Knebel gefesselt? Wie produktiv, engagiert, kreativ ist ein solcherart Zwangsverpflichteter? Kontrolle und Verträge, die hier zwanghafte Verpflichtung schaffen, bereiten nur Spannung und Frust, mit dem er auch noch andere ansteckt.

Wenn ansonsten das Umfeld und die Beziehung zueinander stimmen, ist das viel stärkere Bindemittel die auf Vertrauen beruhende *Loyalität*. Selbst ein Auseinandergehen in Freiheit, in dem dann wahrscheinlich vom Mitarbeiter selbst ein Vorschlag zur Regelung der in ihn getätigten Investition kommt, ist für beide Seiten mehr wert als die vertragliche Kontrollklammer.

Gertrud von Le Fort schrieb über diese – in jeder Art von Beziehung – schwierige Gratwanderung zwischen Bindung und Freiheit in einem ihrer Briefe:

Der zweite Schritt: Vertrauen gewinnt über Kontrolle

»Werde eine freie Wildnis für die Menschen und nicht ein mit Liebe verkleidetes Gefängnis! Versuche nicht, sie an dich zu binden. Verheimliche und tarne nicht den Ausgang ...

Lass die Türen offen. Vielleicht sieht er gerade dann nach der Tür, vielleicht will er gehen, wenn dir seine Anwesenheit am liebsten und kostbarsten ist ... Dann steh auf, begleite ihn zur Tür und lass ihn ziehen, auch wenn es ein Stück von dir mitreißt ...

Wie eintönig und leer sind dagegen jene Sklavenfeste, wo dir der Gefangene deiner Liebe mit ausdruckslosen Augen und müder Stimme Lieder singt. Er weiß nichts zu erzählen, seine Gesellschaft ist langweilig und erzwungen ...

Bewahre dir die Kraft, die Menschen freizulassen ... Sei kein Sklavenhalter! Je freier du die Menschen hinauslässt, umso überraschender und schöner ist ihre Wiederkehr ...

Denn sooft du zu binden beginnst, triffst du nur die erste Vorbereitung für ein Sklavenfest ... Nimm einen Treueschwur niemals an. Bleibt er gern, so ist der Schwur unnötig. Wird er einmal nicht mehr bleiben wollen, so wird er diesen Schwur im Geheimen bereuen. Und wofür willst du dir traurige Gäste sammeln ...?«

Da mag nun für den betrieblichen Hausgebrauch ein wenig viel Übertreibung und Pathos drinnen sein. Schließlich geht es doch um nichts anderes als um das Einhalten von Verträgen: Dienst- oder Ausbildungsverträgen mit den Mitarbeitern, Liefer- und Abnahmeverträgen mit Geschäftspartnern. Dazu soll hier auch nicht blauäugig deren rigorose Abschaffung gefordert sein. Sie gleich alle ersatzlos zu streichen, würde auch Überblick und Orientierung, Klarheit und Struktur kosten.

Doch sollte der Hinweis gestattet sein, dass langfristige Bindung nicht mit den gefinkeltsten Verträgen zu erreichen ist, sondern letztlich nur durch Maßnahmen der Vertrauensbildung – mit Mitarbeitern genauso wie mit Kunden, Lieferanten oder sonstigen Partnern. Und die stärkste Bindung geht von den Vertrauensschritten aus, die ohne Sicherheitsnetz gesetzt werden, in denen sich der Vertrauensgeber dem anderen ausliefert.

Als es Alexander gelang, zu Bukephalos Vertrauen aufzubauen, tat er genau das, was Gertrud von Le Fort mehr als zwei Jahrtausende später geschrieben hat. Er »tarnte den Ausgang nicht«. Sein Biograf Arrian, der 400 Jahre nach dem Tod des großen Makedoniers freilich auch nur Überliefertes zusammentragen sowie mit Phantasie ergänzen und verbinden konnte, berichtet über Alexanders Fähigkeit, Vertrauen zu geben und damit auch zu erhalten, folgende Begebenheit[26]:

> »Im Augenblick, in dem der Arzt Philippos dem kranken König ein Medikament verabreichen wollte, erhielt Alexander einen Brief von Parmenion, er möge sich vor diesem Philippos hüten. Denn Parmenion habe gehört, Philippos sei von Dareios bestochen worden, Alexander zu vergiften. Alexander, der den Brief gelesen und noch in der Hand hatte, nahm ruhig den Becher, in dem die Arznei war. Den Brief aber gab er Philippos zu lesen.

---

26 Arrian: »*Alexanders des Großen Siegeszug durch Asien*« (zuletzt erschienen in Zürich 1950).

Alexander trank die Arznei, und Philippos las den Brief des Parmenion. Da habe sich sofort deutlich gezeigt, dass Philippos bei seiner Medizin ein vollkommen gutes Gewissen hatte. Denn er sei durch den Brief überhaupt nicht erschrocken gewesen. Daraufhin soll Alexander dem Philippos gesagt haben, dass er ihm wie auch den anderen Männern seiner Umgebung ein treuer Freund sei, dass sich seine Freunde gegenüber Verleumdungen fest auf ihn verlassen könnten und dass er selbst dem Tode gelassen ins Antlitz sähe.«

RESPEKT

Alexander und Bukephalos – III

Das Vertrauen des Bukephalos hatte Alexander jetzt. Der mit dem Stierkopf war zu ihm gekommen. Er wollte sich ihm anvertrauen. Er traute ihm zu, sein Führer zu sein. Er ließ sich von ihm berühren. Er hörte ihm zu. Doch dass er auch auf ihn hörte, ihm gehorchte, das war erst zu prüfen und wohl auch zu erarbeiten.

Um von Bukephalos auch getragen zu werden – zunächst zurück an den königlichen Hof, später weit hinein nach Asien und Afrika –, dazu brauchte er auch seinen Respekt. Das ist nicht Unterwerfung und Aufgeben des eigenen Willens. Alexander wollte keinen vierbeinigen Sklaven, sondern einen Partner, der seine Führungsrolle akzeptiert. Dafür wollte auch er ihm partnerschaftliche Anerkennung bieten, in der zu jeder Zeit die Interessen beider wichtig sind und beachtet werden.

Auf diesem schmalen Grat, auf dem die Hierarchie im Zusammenleben klar ist, auf dem aber nicht einer ständig auf Kosten des anderen leben will, auf diesem Einverständnis wollte Alexander sein Verhältnis zu seinem Pferd aufbauen. Er spürte, dass Bukephalos nicht irgendein Pferd war. Oder dass ein Pferd nicht irgendein Lebewesen war. Oder dass jedes Lebewesen diesen Respekt verdient.

So begann er nun das Gespräch ohne Worte. Wie wohl bei jedem Gespräch zwischen Partnern, war es auch bei diesem

Alexander und Bukephalos – III

das Schwierigste, den richtigen Anfang zu finden, der Klarheit schafft, aber den anderen nicht gleich unter Druck setzt – oder zumindest nur unter einen Druck, dem er nachgeben, dem er sich aber auch widersetzen oder entziehen kann.

Dazu brauchte er nun das Seil, das er aus der Satteltasche genommen hatte, bevor er Daphne nach Hause geschickt hatte. Er war sich bewusst, dass Bukephalos mit Seilen seine Erfahrungen hatte: Das waren die Riemen, die sich in sein Fleisch gruben, wenn ihm die Knechte ihren Willen aufzwingen wollten. Das waren die Gurte, an denen das Eisen hing, welches ihm die Ränder des Mauls aufriss, wenn sie dran zerrten. Das waren die Werkzeuge, mit denen sie ihn gewalttätig zu beherrschen und zu unterwerfen suchten ...

So ging der Hengst auch gleich einige Schritte zurück, als Alexander das Seil von der Schulter nahm. Das mühsam aufgebaute Vertrauen war nun in Gefahr. Eine Chance, es zu erhalten und zu vertiefen, hatte Alexander nur, wenn er deutlich machte, dass er auf dieses Machtmittel auch zu verzichten bereit war. Er legte das Seil auf den Boden und ging selbst ein paar Schritte zurück. Er lieferte sich wieder aus.

Das machte Bukephalos neugierig. Wie beiläufig, scheinbar uninteressiert an Grasbüscheln rupfend, die dickeren Stängel ruhig kauend, näherte er sich dem Seil, schnüffelte dran und begann dann auch, an einem Ende ein wenig rumzuknabbern. Alexander sah ihm dabei aufmunternd zu, als wollte er ihm sagen: »*Mach dich vertraut damit, es tut nicht weh! Es ist unser gemeinsames Mittel, das uns hilft, miteinander die gleiche Richtung zu finden. Mit ihm kannst auch du mir sagen, was du willst und brauchst. Es soll uns verbinden, nicht aneinander fesseln, uns helfen, immer gemeinsam zum gleichen Ziel zu gehen.*«

Alexander und Bukephalos – III

Langsam, ein wenig die gespielte Gleichgültigkeit seines Partners übernehmend, ging er auf die Stelle zu, an der das andere Ende des Seils lag. Er nahm es auf und fingerte an ihm herum mit der gleichen Beiläufigkeit, mit der Bukephalos an dessen anderem Ende kaute. Ab und zu trafen sich ihre Blicke.

Dann warf Alexander sein Ende des Seils locker in die Richtung der Hinterfüße seines Freundes. Erschrocken sprang dieser weg, sah aber, dass der Prinz es losgelassen hatte, und blieb daher wieder stehen. Alexander hob das Seilende wieder auf, nestelte ein wenig daran herum und warf es wieder in die gleiche Richtung. Bukephalos sprang wieder weg und blieb dann wieder stehen. So ging es einige Male, und da der Hengst immer mit dem Hinterteil auswich, drehte er sich dabei im Kreis, und Alexander ging in einem größeren Kreis rund um ihn. Sie hatten jetzt in spielerischer Distanz Kontakt zueinander, und Bukephalos nahm das Angebot zum Spiel an.

Als Alexander wieder einmal das Seilende aufgehoben hatte, behielt er es in der Hand und ging auf Bukephalos zu. Die wie zufällig wirkende Selbstverständlichkeit überraschte den Hengst so, dass ihm eine ausweichende Reaktion anscheinend übertrieben vorgekommen wäre. Der Prinz strich mit der Hand über sein Fell, über die Mähne, über die Stirn. Er redete ruhig mit ihm, und Bukephalos hörte mit aufgestellten, zu ihm gerichteten Ohren zu.

»Hör zu, mein Freund«, sagte Alexander leise, aber klar und wohl wissend, dass seine Worte nur begleitendes Hintergrundrauschen zu seiner Körpersprache waren. »Ich lege jetzt das Seil um deinen Hals und knote es ganz locker.« Dabei strich er ihm über den Hals und die Mähne

Alexander und Bukephalos – III

mit beiden Händen – und schon hing das Seil auf dem stämmigen Nacken hinter dem mächtigen Schädel des Hengstes. Während er redete, verknotete er es mit ausreichendem Spielraum, dass es für den Hengst nur durch das Gewicht zu spüren war, nicht aber als Beengung erlebt werden konnte.

Jetzt wollte er mit ihm weiter das Maß der Bewegung ausloten, in dem Bukephalos das Seil nicht als Zwang, wohl aber als Richtungweisung spüren sollte und es als Mittel der Information akzeptieren könnte. Während er mit der einen Hand das Seil so locker hielt, dass es die halbe Höhe bis zum Boden durchhing, übte er mit der anderen Hand auf den Rumpf zwischen Bauch, Rücken und den mächtigen Schenkeln seiner kräftigen Hinterbeine immer wieder kurz Druck aus, den er sofort abbrach, wenn der Hengst mit einer Bewegung des Nachgebens reagierte. Das Spiel von Druck und Gegendruck, von Freiraum und Bestimmtheit, von Fordern und Einverständnis, von Vertrauen und Respekt ging nun hin und her. Beide schienen sie gleichermaßen interessiert bis neugierig auf die Reaktion des anderen.

Es hatte etwas von einem Tanz, dieses Spiel. Ja, es schien, als tanzten sie miteinander im kühlen Dämmerlicht des Mondes, der nun gegenüber den Hügeln aufging, hinter denen die Sonne schon vor einiger Zeit verschwunden war. Alexander war jetzt als der Partner akzeptiert, der die Richtung bestimmt, und Bukephalos spürte keinen Anlass mehr, sich dagegenzustemmen oder aufzubäumen. Sie respektierten einander.

So konnte Alexander den nächsten Schritt wagen: Bukephalos zu reiten. Er war sich sicher, die volle Aufmerksamkeit, das Vertrauen und den Respekt des Pferdes zu haben.

Nur gab's hier keine Satteldecke und keinen Sattel, kein Zaumzeug und keine Steigbügel, an die er Bukephalos langsam und mit beruhigendem Gespräch hätte gewöhnen können. Diesen Schritt konnte er deshalb nicht weiter vorbereiten und mehrfach ausprobieren. Hier gab es nur ihn und das Pferd – und seine Entschlossenheit, nicht ohne dieses nach Hause zu kommen. Jetzt war die klare Entscheidung gefordert mit dem Mut zum Risiko, dass er scheitern könnte.

Während er zu ihm redete, ging er ganz nahe an Bukephalos heran, und wie wenn er ihm etwas ins Ohr flüstern möchte, fasste er ihn mit beiden Armen um den Hals, griff mit der linken Faust, in der er auch das Seil hielt, fest ein Büschel der schwarzen Mähne. Er ging leicht in die Knie, federte mit dem linken Bein in die Höhe, dass er das rechte über den Körper des Hengstes schwingen konnte. So kam er nun auf Bukephalos, den Kopf an seinen Hals geschmiegt, die Hände in seine Mähne gekrallt, mehr zum Liegen, als dass man es hätte Sitzen nennen können.

Das war auch gut so, denn natürlich reagierte der Hengst auf diese allzu innige und gewagte Annäherung, indem er mit den Vorderfüßen hochstieg und laut wieherte. Alexander schmiegte sich an den Pferdeleib, hielt sich fest und redete auf den sich Aufbäumenden ein. Die Stimme schien wirklich beruhigend zu wirken. Denn als Bukephalos ein zweites Mal hochstieg, erschien das schon eher als symbolische Geste, die der guten Ordnung halber ausdrücken sollte: Wenn ich wollte, könnte ich dich natürlich abwerfen. Als eigentliche Botschaft war aber hinter dieser Demonstration von Energie und Eigenständigkeit das Einverständnis zu spüren: »Gut, lass es uns miteinander versuchen! Wohin?«

Alexander und Bukephalos – III

Alexander presste die Schenkel zusammen. Er hatte es immer geliebt, ohne Sattel zu reiten, aber nie auf einem solchen Energiebündel versucht. Bukephalos verstand diesen Druck als Aufforderung zum Galopp, und er rannte los in die Richtung, in die er heute schon lange gelaufen war: weg von den anderen, weg vom Königshof und den Knechten. Mit bestimmter und bestimmender Klarheit drückte der makedonische Prinz Schenkel und Fersen in die linke Seite des Tieres und wendete auch mithilfe des Seils den massiven Kopf des »Stierschädels« nach links. Der schwarze Hengst respektierte den Willen seines Reiters, der sein Lebenspartner werden sollte, und wendete in einem weichen, weiten Bogen in die Richtung, aus der sie am Morgen gekommen waren.

Alexander lockerte den Schenkeldruck, saß nun aufrechter, hielt sich mit einer Hand am Seil, mit der anderen leicht an der Mähne fest und jubelte innerlich: Er hatte es geschafft. Er hatte Bukephalos nicht besiegt, sondern für sich gewonnen.

Mit seinen Schenkeln und Waden, die er gegen das seidige Fell drückte, spürte er den warmen Körper. Er spürte die Kraft pulsieren, die nicht mit Gewalt zu beherrschen ist. Wenn sie in Mieza, wo er mit seinen Freunden von Aristoteles unterrichtet wurde, sich im Laufen und im Ringkampf übten, war er der Schnellste, der Stärkste; gerade seinem Freund Hephaistion war es ein einziges Mal gelungen, ihn mit den Schultern auf den Boden zu drücken. Aber was würde ihm all seine Kraft hier wirklich nützen, wenn dieses Tier mit der mindestens achtfachen Muskelmasse seinen Willen durchsetzen wollte? Doch es akzeptierte ihn als den, der die Richtung bestimmte, und reagierte nun auf die kleinste Veränderung im Druck seiner Schenkel.

Alexander hatte gefürchtet, Bukephalos würde sich widersetzen, wenn er ihn an den Ort zurücklenkte, mit dem er Gewalt und Schmerzen in Verbindung brachte. Doch offenbar traute er seinem Reiter zu, ihn davor zu bewahren, und spürte, dass ihre Gemeinsamkeit von einer anderen Qualität war.

Schon galoppierten sie durch den Olivenhain des Hofes und näherten sich den königlichen Gärten. Da kam ihnen eine Gruppe von Reitern entgegen. König Philipp hatte sie mit Fackeln zur Suche nach seinem Sohn ausgeschickt. Sie wichen auseinander, als er auf sie zukam, und versuchten vergeblich, ihn auf dem letzten Stück in den Königshof einzuholen.

Vor seinem Vater, der dort mit dem Stallmeister und Philonikos, dem thessalischen Pferdehändler, beisammenstand, gab er Bukephalos das Zeichen zum Halten: Er löste den Schenkeldruck, zog am Seil leicht nach unten, legte sein Gesicht an den Pferdehals und redete besänftigend zu seinem neuen Gefährten.

In einer Staubwolke, in die schon das Mondlicht schien, blieben sie stehen. Alexander aber wollte noch nicht absteigen. Triumphierend schaute er auf die drei Männer hinunter und zu den Knechten, die jetzt auch in den Königshof zurückkamen und in respektvollem Abstand mit ihren Pferden stehen blieben.

Bei König Philipp mischte sich der Stolz auf seinen Sohn mit dem leicht unbehaglichen Gefühl, dass er diesem Jüngling wohl bald ausreichende Herausforderungen für seinen Tatendrang und seine Führungsenergie wird bieten müssen.

Alexander und Bukephalos – III

»Mein Sohn«, sagte er mit einer auch für alle Umstehenden hörbaren Bewegung in der Stimme, »du hast bewiesen, dass du große Herausforderungen bewältigst und einen Mut hast, der eines künftigen Königs würdig ist. Du wirst mein Reiterheer führen. Später wirst du dir wohl ein Reich suchen, das deiner würdig ist. Denn Makedonien ist zu klein für dich.«

Der dritte Schritt:
Respekt ist keine Einbahn

>»Es ist wertvoller,
>stets den Respekt der Menschen
>als gelegentlich ihre Bewunderung zu haben.«
>
>Jean-Jacques Rousseau

Re-spekt heißt auch Rück-sicht

Respekt ist es, was Alexander von Bukephalos braucht, nachdem er sein Vertrauen gewonnen hat. Respekt bekommt Alexander von seinem Vater, als er zurückkehrt und wohl auch schon als er sich aufmacht, den wilden Hengst zu verfolgen. Respekt erfuhr Alexander von seinen Freunden und von seinen Soldaten ebenso wie von seinen Feinden und von der Nachwelt in bald zweieinhalb Jahrtausenden der Geschichtsschreibung. Respekt ist es zweifellos, was man einer Person entgegenbringt, der wir Führungscharisma zuschreiben.

Wenn wir uns nun damit beschäftigen wollen, was man zu tun hat, um als Führungskraft respektiert zu werden, sollten wir zunächst wohl die vielfältigen Bedeutungen ein wenig ausleuchten, die dieser Begriff in unserem Sprachgebrauch hat.

Der dritte Schritt: Respekt ist keine Einbahn

Wenn sich jemand *Respekt verschaffen* will und man dann auch konstatiert, dass Leute vor jemandem »*ganz schön Respekt haben*«, so liegt das, was gemeint ist, zumeist doch bei einer Achtung, vor der man lieber in Deckung geht, sehr nahe bei der Furcht. So meinen viele, sie würden respektiert, und werden dabei doch nur kraft ihres Amtes und ihrer Macht, die mit diesem verbunden ist, gefürchtet.

Angst zu verbreiten ist ein zentrales Instrument der Machtausübung, nicht der charismatischen Führung. Wenn Machiavelli[27] auch dem Fürsten rät, es wäre »besser, gefürchtet als geliebt« zu werden, so ist das als der Ratschlag an den zu sehen, der mangels Persönlichkeit Respekt anders nicht erzielen kann und die Balance zwischen Vertrauen und Respekt nicht gestalten und erhalten kann.

Es verhält sich hier ähnlich wie schon mit der Beziehung zwischen Kontrolle und Vertrauen. Die Kontrolle ist notwendig, wenn das Vertrauen nicht gegeben ist und auch nicht hergestellt werden kann. Um respektiert zu werden, ist Angst aufzubauen nur notwendig, wenn Kompetenz, Klarheit, Bestimmtheit und andere persönliche Qualitäten fehlen, die Vertrauen schaffen. Wenn die Persönlichkeit nicht akzeptiert, nicht gewürdigt, nicht wertgeschätzt und daher deren Wünsche und Anforderungen nicht ohne ängstigende Druckmittel berück-sichtigt, also re-spektiert werden, erst dann ist es notwendig, dieses Vakuum durch Angst verbreitende Posen und Aktionen aufzublähen.

Wenn wir im vorigen Kapitel schon Lenin fundamental korrigierten mit der Kehrtwendung »Kontrolle ist gut, Vertrauen ist besser«, so riskieren wir das hier auch gleich

---

27 Niccolò Machiavelli: »*Il principe*« (Stuttgart 1986).

mit Machiavelli: »Gefürchtet zu werden ist gut, geachtet zu werden ist besser.« Angst zu verbreiten ist somit das notwendige Ersatzmittel uncharismatischer Leader und Manager, ihre Macht aufzubauen oder zu erhalten.

Wenn ich eingangs die zunächst etwas leichtfertig erscheinende These aufgestellt habe, Führungscharisma sei durch den Dreiklang Beachtung/Vertrauen/Respekt definierbar, so sollte spätestens an dieser Stelle deutlich werden: Es sind recht umfangreiche Bündel von Qualitäten und Fähigkeiten mit diesen drei Begriffen verbunden. Diese sind zum Teil erlernbarer und zum anderen Teil gegebener Natur. Sie sind jedenfalls von denen anzustreben und zu entwickeln, die zum Instrument werden wollen, auf dem der Dreiklang des Führungscharismas zum Klingen gebracht wird.

Dazu gehören die fachliche Kompetenz ebenso wie die soziale, die Einfühlungs- ebenso wie die Durchsetzungsfähigkeit, Selbstvertrauen ebenso wie aktive und passive Kritikfähigkeit, Klarheit und Verbindlichkeit ebenso wie situative Flexibilität und daher sanktionierende Konsequenz ebenso wie verzeihendes Verstehen. Wann wofür die rechte Zeit ist, das sagt nicht das Rezeptbuch, nicht der Berater und nicht das Abstimmungsverfahren mit der Suche nach Mehrheiten, sondern die innere Stimme der Selbstverantwortung.

Eine charismatische Führungspersönlichkeit verbreitet fokussierte Klarheit, aber nicht Angst. Eher schon Ehrfurcht – und da leitet die inhaltliche Nähe von Angst und Furcht zunächst wieder in die Irre. Doch die ist nur eine scheinbare. Der Begriff Angst kommt vom lateinischen *angus,* und das heißt »eng«. Ängste sind Prozesse der Verengung, die man nicht nur psychisch, sondern auch körperlich spürt: Es schnürt einem vor Angst die Kehle zu, die Brust wird eng und klemmt einem den Atem ab. Die Psychosomatik bringt daher auch körperliche Verengungen wie Angina – sei es der Kehle oder des Herzens *(pectoris)* – mit Phänomenen der Angst in Verbindung.

In Unternehmen, in denen mittels Angst geführt wird, oder in Zeiten, Organisationen, Kulturen, in denen die Angst regiert, wird es eng. Und umgekehrt: Wo es eng wird, breitet sich Angst aus. Man bewegt sich nur mehr in eng vorgegebenen Räumen des Erlaubten und Vorgeschriebenen, es herrscht die Parole: »Nur ja nichts riskieren!« Kreativität, Innovation, Entwicklung sind hier nicht möglich. Man tritt auf der Stelle, bleibt im engsten Raum der Bewegung. Man geht in Deckung, panzert sich, igelt sich ein.

Angst wird auch für jeden von außen als Enge spürbar und sichtbar. Mit etwas Sensitivität spürt man in einem Unternehmen unabhängig von der Fläche, die dort be- und verbaut wurde, schon beim Hineingehen, ob hier eine enge oder eine angstfreie Unternehmenskultur herrscht, ob hier mit Angst oder mit Vertrauen und Respekt – vor den Mitarbeitern, Kunden oder anderen Partnern – geführt wird.

Wer aus Angst agiert, folgt einem Druck. Wer aus Ehrfurcht handelt, folgt einem Sog zu jemandem, vor dem er diese empfindet. Im Gegensatz zur Angst bewirkt der Respekt nicht Unterwürfigkeit und Kadavergehorsam. Er bewirkt Anerkennung, Akzeptanz, Wertschätzung, Würdigung, Rücksicht auf den – bekannten oder vermuteten – Wunsch des Respektierten.

Das bedeutet ja dieses Wort auch in seinem lateinischen Ursprung: *re-spectare* – das heißt zurückschauen, überblicken, berück-sichtigen. Wer respektiert wird, erfährt daher Rücksicht auf seine Kompetenz, auf seine Ziele, Wünsche, Absichten, Anforderungen. Er bekommt höhere Priorität, und die ihn respektieren, stellen ihre persönlichen Prioritäten hinter seine zurück oder wägen sie zumindest gegen ihre ab und richten sie nach seinen aus.

In seinem Versuch, diesen Begriff zu definieren, findet Richard Sennett[28] das treffendste Beispiel in der Schilderung des Zusammenspiels des Sängers Dietrich Fischer-Dieskau mit dem Pianisten Gerald Moore. In ihrem von Sennett ausführlich geschilderten hinreißenden Vortrag von Schuberts »Erlkönig« respektiert der Sänger die Bedürfnisse des Pianisten und umgekehrt, und in ihrer Interpretation ist die Ehrfurcht vor dem Komponisten und seinem Werk erlebbar. Hier dient einer dem anderen, aber nicht angstvoll oder untertänig. Aus Akzeptanz seiner Kompetenz nimmt er die Bedürfnisse des anderen wichtig – und erfährt dasselbe auch in der Gegenrichtung. Man ist dann in Respekt aufeinander eingespielt.

Was wir schon an den beiden ersten Lehren des Leadership by Horse-Sense zum Führungscharisma – also bei Beachtung und bei Vertrauen – gesehen haben, das wird hier bei seinem dritten Teil genauso erlebbar: Auch Respekt gibt es nicht im Einbahnverkehr, sondern nur im Gegengeschäft. Führungskräfte, die respektiert (nicht gefürchtet!) werden, sind solche, die auch ihren Mitarbeitern Respekt, Wertschätzung, Anerkennung entgegenbringen und auf ihre Bedürfnisse Rücksicht nehmen. Auch wenn sie

---

28 Richard Sennett: »*Respekt im Zeitalter der Ungleichheit*« (Berlin 2002).

Der dritte Schritt: Respekt ist keine Einbahn

diese gegen andere Notwendigkeiten abwägen und ihnen im Konfliktfall gegebenenfalls auch letztlich unterordnen, sind Beachtung und Respekt erlebbar. Das steht auch nicht im Widerspruch zu Organisations- und Machtstrukturen: Respekt kann und muss in beide Richtungen die Hierarchie hinauf- und hinunterströmen.

Die Formen, in denen die Führungskraft ihren Mitarbeitern Respekt zeigen kann, sind vielfältig. Da diese Strömungsrichtung – also in unserem herkömmlichen Bild der Organisation »von oben nach unten« – die Voraussetzung ist, um auf die Dauer Respekt auch in der Gegenrichtung zu bekommen, wollen wir uns ihr zuerst zuwenden. Dazu bleiben wir noch kurz bei Alexander, allerdings einige Jahre nach seiner ersten Begegnung mit Bukephalos.

Auch wenn er nach der Zähmung des schwarzen Hengstes von Philipp den Auftrag bekommen hat, das väterliche Imperium zu vergrößern, so meinen manche Historiker, dass es dieser Weisung wohl nicht bedurft hätte, um des Prinzen Globalisierungsprojekt – so würde man sein imperialistisches Projekt heute politisch korrekt bezeichnen – in Gang zu setzen. Das Ziel von Alexanders Ehrgeiz und Tatendrang war offensichtlich ein Weltreich unter seiner Führung. Das wollte er aber nicht durch Versklavung oder Unterwerfung anderer Völker errichten, sondern durch deren Eingliederung in ein Universalreich. In ihm sollten unterschiedliche Kulturen in Respekt vor- und füreinander sowie in gegenseitiger Anregung miteinander leben.

Dass bei solcher Zielsetzung Ambition und Wirklichkeit deutlich auseinander klaffen können, ist bei heutigen Mergers internatonaler Großunternehmen mit ihren Partnern nicht weniger erlebbar als vor 24 Jahrhunderten zwischen

Makedonien und Indien. Arrians Berichte lassen jedoch vermuten, dass dem Alexander die Verschmelzung von Kulturen relativ behutsam gelungen ist im Vergleich zu der mitunter reichlich unsensiblen und empathiefreien kulturellen Zwangsbeglückung durch manchen *Global Player* heutiger Tage. Beim römischen Geschichtsschreiber liest sich das unter anderem nämlich so[29]:

»Den Bürgern von Sardes und den übrigen Lydern erlaubte er, weiter nach den alten Bräuchen ihres Volkes zu leben, und gab allen die Freiheit …

Überall lässt er die Oligarchien auflösen und Demokratien einrichten und den einzelnen Städten ihren Besitz wiedergeben; auch die Tribute erlässt er ihnen, die sie den Barbaren hätten leisten müssen …«

Drei Schweizer Autoren[30] würdigen daher diesen Aspekt von Alexanders Führungspersönlichkeit:

»Alexander übertraf in diesem Punkt seinen Lehrmeister Aristoteles. Hatte dieser noch die Überlegenheit der hellenischen Kultur gegenüber den ›Barbaren‹ im Osten als Wahrheit verkündet, zollte Alexander den anderen Völkern Respekt und Achtung. Er ging sogar dazu über, persische Sitten und Gebräuche zu übernehmen, trug die medische Tracht und ließ sich durch Kniefall ehren. Die Verschmelzung der Kulturen gipfelte in Städtegründungen und einer Siedlungspolitik, die Anwohner und Invalide seines Heeres verband.

---

29 Arrian: a. a. O.: S. 99, 101.
30 G. Bindschedler, B. Frick, U. Zwygart: *»Alexander oder die Aufforderung an Führungskräfte, Grenzen zu überwinden«* (Bern 1998).

Der dritte Schritt: Respekt ist keine Einbahn

Die berühmte Massenhochzeit von Susa, die nach persischem Brauch gefeiert wurde und über 10.000 Paare (Makedonier und Einheimische) umfasst haben soll, war ein die Zeiten überdauerndes Zeichen Alexanders, wie er sein Weltreich kraft Versöhnung und Verschmelzung aufbauen wollte. Als er auch ›Barbaren‹ in das makedonische Heer aufnahm, überspannte er für viele seiner Soldaten den Bogen, und es kam zur berühmten Meuterei des Heeres bei Opis. Alexander setzte sich aber durch.«

Auch Plünderungen an einheimischen Gräbern und Heiligtümern bestrafte er auf seinem Zug in den Osten mit besonderer Strenge, um seinen Respekt vor anderen Kulturen deutlich zu machen und auf sein Heer zu übertragen. Bei den großen Zeremonien wurde von griechischen Priestern gemeinsam mit persischen Magiern geopfert. Vor den Göttern der anderen Religionen zeigte er nicht Angst, wohl aber Ehrfurcht, und das verlangte er auch von seinen Soldaten. Loyale Makedonier, Griechen und Perser standen in seinem Heer gleichberechtigt nebeneinander. Die Loyalität, die er bekam, war das Ergebnis aus der Achtsamkeit, dem Vertrauen und dem Respekt, den er diesen Leuten entgegenbrachte.

Diese Lektion aufzunehmen, fällt Führungskräften im Militär ebenso schwer wie in der Wirtschaft. Sie setzt auch eine persönliche Qualität und Reife voraus, die nicht kurzfristig lernbar ist, sondern nur langfristig entwickelt werden kann. Es ist die Balance von Selbstvertrauen und Demut. Es ist die Selbstsicherheit ohne Allmachts- und Allwissenheitswahn. Dadurch entsteht Resonanz zwischen Führendem und Geführten, ohne dass die Hierarchie despektierlich infrage gestellt würde.

Re-spekt heißt auch Rück-sicht

Schwerlich Respekt und Loyalität wird daher der Statthalter (also CEO oder Geschäftsführer) ernten, der heutzutage aus der Zentrale in die eroberten Ländereien (also eingekaufte Konzerngesellschaften) geschickt wird und dort die Anbetung der Götter im Headquarter verkündet und verlangt, also den Kniefall vor ihm und seinen Chefs nach den Zeremonien seiner Religion (sprich *corporate culture* inklusive *reporting procedures*).

Je nach Quelle (und deren Zielsetzung und Sichtweise) geht ja bekanntlich von Unternehmenszusammenschlüssen ein Drittel bis die Hälfte in ihrem wirtschaftlichen Erfolg daneben. Einer der ganz wesentlichen Gründe dafür darf wohl in der mangelnden Lernfähigkeit und -bereitschaft für die Lektion »Respekt vor fremden Kulturen« gesehen werden.

Die *ge*liehene Autorität, deren Macht nur auf dem *ver*liehenen Amt beruht und nicht auf der überzeugenden Persönlichkeit, erhält nicht Respekt. Sie bekommt bestenfalls Gehorsam, solange die Druckmittel in Sichtweise sind, um diesen aufrechtzuerhalten.

So ist es auch in Zeiten der Internationalisierung und Globalisierung nicht nur ein Zeichen von Höflichkeit, sondern von respektierender Wertschätzung, sich um Sprache und andere Ausdrucksweisen der Kultur des Landes zu bemühen, in dem die Führungsaufgabe zu erfüllen ist. Die Vereinheitlichung der wirtschaftlichen Kommunikation aufs Businessenglish hat ihre sachlichen Gründe und Vorteile. Nur reicht dann auch die Akzeptanz bestenfalls bis zur fachlichen Kompetenz, aber nicht zur Person und schon gar nicht zur Persönlichkeit, wenn die sich nicht einmal für die Sprachkultur ihrer Mitarbeiter interessiert und um sie bemüht.

Mittendrin statt obendrüber

Der größte Irrtum, der über den Erwerb von Respekt kursiert, ist wohl der Glaube, man müsse sich »in respektvolle Höhen« abheben und einen Sonderstatus mit Sonderrechten und Annehmlichkeiten beanspruchen. Kaum etwas wirkt für das Schaffen von Respekt kontraproduktiver als der Blick von oben und der gnadenvolle Wink mit den sauberen Händen zu denen nach unten in den Niederungen des Alltags und der Arbeit.

Es gibt keinen charismatischen Führer, der nicht mittendrinn unter seinen Leuten wirksam gewesen wäre. Das ist auch genau der Punkt, an dem sich diktatorische Machtmenschen aus dem Kreis der Charismatiker ausschließen. Sie haben allen Grund zu ihrer Kontaktangst, weil ihre Herrschaft – zumindest auch – auf Angst und Einschüchterung beruht. Der daraus unvermeidlich resultierende Hass schließt selbst für Machiavelli Führungscharisma aus: Denn »auf jeden Fall sollte der Fürst versuchen, dem Hass zu entgehen«.[31]

Respekt bei Mitarbeitern bekommt nicht der, der mit sorgfältig gepacktem goldenem Fallschirm das Podest erklettert, auf dem er seine Extrawürste grillen lässt, sondern der Beispielgeber, der auch das harte Feldlager zu teilen bereit ist und keine Entbehrung verlangt, zu der er nicht selbst im mindestens gleichen Ausmaß bereit ist.

Über Alexander erzählt Plutarch dazu folgende Begebenheit, die sich bei der beschwerlichen, entbehrungsreichen Suche nach dem gefangen genommenen Perserkönig Da-

---

[31] Machiavelli: a. a. O., Kap. 17.

reios nach elf Tagen zu Pferde durch heißes, trockenes Gebiet zugetragen haben soll[32]:

»Da begegnete ihm ein Trupp Makedonen, die auf Maultieren Wasser in Schläuchen bei sich trugen, das sie vom Fluss geholt hatten. Als sie Alexander erblickten, der sehr unter Durst litt – es war schon Mittag –, füllten sie rasch einen Helm voll Wasser und brachten es ihm. Er fragte sie, für wen sie denn das Wasser geholt hätten. ›Für unsere eigenen Kinder‹ gaben sie zur Antwort, ›aber wenn du nur am Leben bleibst ...‹

Auf diese Worte hin nahm Alexander den Helm in die Hand; als er sich aber umsah und seine Reiter alle mit hängenden Köpfen begehrlich auf den Trunk blicken sah, trank er nicht, sondern gab den Helm zurück. Er dankte den Leuten voller Anerkennung und sagte:

›Wenn ich als Einziger trinke, dann verlieren diese hier den Mut.‹

Angesichts dieser Selbstbeherrschung und Seelengröße riefen ihm die Reiter mit lautem Geschrei zu, er solle sie nur getrost weiterführen ... Sie seien nicht müde, nicht durstig, ja, sie fühlten sich überhaupt nicht als sterbliche Menschen, solange sie einen solchen König hätten.«

An dieser Stelle teilt sich in den schwierigen Zeiten die Spreu vom Weizen der Führungspersönlichkeiten. Deutlich zahlreicher sind jene, die ihren Mitarbeitern das harte Lager bereiten, während sie sich dabei weich abpolstern und ausreichend verköstigen.

---

32 Plutarch: a. a. O., Kap. 42.

Der dritte Schritt: Respekt ist keine Einbahn

Bald nach der Jahrtausendwende begann der Wind auch durchs Silicon Valley eisig zu blasen, und die Erfolgswege der erfolgsverwöhnten High-Tech-Companys wurden zusehends trocken und steinig. Da rief der höchstbezahlte weibliche CEO, gerade zur Paradefrau der Weltwirtschaft aufgestiegen, ihre zigtausend Mitarbeiter weltweit zum Verzicht auf zehn Prozent des Gehalts auf. Und in vielen ihrer globalen Ländereien fand sie auch Gehör, denn für Wirgefühl und Loyalität war dieses Unternehmen beispielhaft und viel beneidet. So konnte sich das Unternehmen die Dollarmillionen für Gehalt und Jahresbonus der Chefin ebenso leisten wie den neuen Langstreckenjet für Reisen der Führungsspitze.

Auch die anschließende Fusion mit einem Mitbewerber, der auch schon bessere Zeiten erlebt hatte, brachte den »Synergieeffekt« von Tausenden von »Freistellungen«. (Das ist der verlegen verharmlosende Begriff für Kosteneinsparung durch Kündigungen.) Laut »Wall Street Journal« (mit Berufung auf ein bei der Börsenaufsicht SEC eingereichtes Dokument) waren ein paralleler Effekt Sonderleistungen für die beiden Bosse der Liaison von runden 100 Millionen Dollar. Die Signalwirkung auf die Motivationslage der opferbereiten Mitarbeiter und ihr Loyalitätsgefühl zum Topmanagement waren langfristig spürbar ...

Wenn durch die Fusion von Daimler mit Chrysler oder durch die Übernahme von Mannesmann durch Vodafone Tausende Arbeitsplätze eingespart werden und die Bosse dafür Sonderprämien in dreistelligen Millionenhöhen kassieren, dann sind das die Situationen, in denen Vertrauen und Respekt unter den Nullpunkt sinken und sich Führung und Gefolgschaft in schwer überbrückbare Ebenen voneinander entfernen.

Die charismatische Führungspersönlichkeit, die sich Respekt erwerben will, verlangt von ihren Mitarbeitern nichts, was sie nicht selbst zu leisten bereit ist. Dafür ist Alexander freilich ein historisch einzigartiges Beispiel: Bis er noch vor Vollendung seines 33. Lebensjahres starb, hatte er mehr als zwölf Jahre lang das Schicksal seiner Soldaten geteilt. Er hatte sich nie geschont und war mit Bukephalos bei den Belagerungen und Eroberungen, bei den Wüstendurchquerungen und bei den entscheidenden Schlachten an vorderster Front dabei. Er spornte seine Leute durch sein Beispiel an und konnte ihnen deshalb auch, als sie des Kämpfens müde waren, sagen:

»Wenn ihr nun unter meiner Führung Strapazen und Gefahren hättet durchmachen müssen, während ich selber von aller Not und Gefahren verschont geblieben wäre, dann würde freilich mit gutem Grund euer Mut vor der Zeit erlahmen, wenn nur ihr tausend Gefahren bestehen und den Kampfpreis dafür anderen überlassen müsstet. Nun haben wir ja alle Nöte gemeinsam durchgemacht, dieselben Gefahren bestanden, und die Kampfpreise kommen uns allen zugute.«[33]

In dieser Art von Führungsverständnis ist freilich auch die Gefahr enthalten, in der täglichen operativen Hektik unterzugehen, anstatt den strategischen Überblick zu bewahren. Da hat die seemännische Weisheit viel für sich, dass der Kapitän auf der Kommandobrücke stehen sollte – und nicht im Heizraum. Es geht auch hier wieder nicht ums praktische Entweder-oder-Rezept. Natürlich soll er auf dem Feldherrnhügel Oder im Vorstandsbüro den Überblick behalten, aber an der Front oder im Maschinenraum

---

[33] Arrian: a. a. O., S. 307.

immer wieder sichtbar und mit echtem Interesse, das über joviales Schulterklopfen hinausgeht, glaubwürdig erlebbar sein.

Der Unterschied, ob ich mich aus Respekt vor Eigenständigkeit und Kompetenz in Dinge nicht einmische oder ob ich mir für die Niederungen der Mühsal zu gut (oder für sie zu ängstlich oder zu feige bin) – dieser Unterschied sollte einer Führungskraft ständig bewusst sein, ob sie nun gerade im Heizraum oder auf der Kommandobrücke steht.

Respekt braucht Nähe

Anregend und beispielgebend sollte an Alexander daher zumindest diese ständige greifbare Präsenz des Feldherrn, des Königs, der Führungskraft sein. Die physische und emotionale Berührbarkeit entrückt den Führer, den Chef, den Manager nicht aufs Heroenpodest der Unnahbarkeit. Sobald er sich in die kühle Einsamkeit der Elfenbeintürme entfernt, vergibt er die Chance, Vorbild und Beispiel zu sein. Denn für einen solcherart Abgehobenen gelten ja andere Maßstäbe. Die braucht man dann praktischerweise an sich selbst nicht mehr anzulegen.

Respekt erwirbt sich die Führungskraft daher nicht durch publicitygieriges Posieren fürs Managermagazin, sondern dadurch, dass sie mittendrin und dabei nicht voll daneben steht, dass sie für die Mitarbeiter »eine(r) von uns« und nicht dennoch, sondern *deshalb* der Chef oder die Chefin ist.

Dazu sollte sie auch auf die ohnehin nicht glaubwürdige Fassade der Allwissenden, Allmächtigen und Unfehlbaren verzichten. Ich erwähnte es schon ihm Kapitel Vertrauen: Die Leiter herab von diesem Podest führt über die drei Sätze, die so vielen Managern so schwer fallen und auf die wir hier deshalb doch noch einmal ein wenig eingehen sollten.

»Das weiß ich nicht«

Es ist erstaunlich, welche Ängste mit diesem Satz offensichtlich verbunden sind. Der tüchtige Manager mit seinen Versagensängsten lebt offensichtlich im Perfektionswahn, er müsse Enzyklopädia Britannica, Sphinx, Hellseher und Weltmeister in mehreren Disziplinen gleichzeitig sein. Bildung heißt vor allem: wissen, wo's steht und daher bei Bedarf zu finden ist. Führung heißt vor allem: die richtigen Leute finden, begeistern und koordinieren, die gemeinsam das Wissen und das Können haben, das ein Unternehmen braucht und weiterentwickelt.

Die Unfähigkeit zu diesem Satz geht auch Hand in Hand mit dem Kontrollbedürfnis der Manager, die alles wissen möchten. Ich kenne einen tüchtigen Vorstandsdirektor eines 800-Mann-Unternehmens, der (bis zu unserer Zusammenarbeit) die Regel aufgestellt hatte, dass von jedem Schriftstück, welches die Firma verlässt, eine Kopie an ihn zu gehen habe. Er war natürlich der bestinformierte Mann im Haus, auch wohl der meistbeschäftigte. Nur – zum Führen von Mitarbeitern blieb leider keine Zeit mehr. Seine Liebe zur Beistrichsuche wurde erst gefürchtet, dann nur noch bewitzelt. Den Respekt, den er durch seine fachliche Kompetenz verdient hätte, verlor er auf diese Weise.

In all der Gier nach Wissen (oder dem, was wir dafür halten) sollten sich Manager nicht nur ständig damit beschäftigen, ob sie von allen ausreichend informiert werden, sondern sich immer wieder der Notwendigkeit des Nichtwissens stellen. Die Frage »Was alles brauche ich in meinem Unternehmen nicht zu wissen?« kann erleichternd wie eine Entschlackungskur wirken, wenn man sich für die Antwort ausreichend Zeit nimmt und dabei seine Vertrauensfähigkeit mit dem Luxus der Selbstkritik hinterfragt.

Mark H. McCormack, der erfolgreichste Manager des weltweiten Sportbusiness, dem Sportgrößen wie Björn Borg oder Martina Nawratilowa, dazu Weltmeisterschaften und Olympische Spiele ihre einträgliche Vermarktung verdanken, verwendet den Satz »*Das weiß ich nicht*« auch gern, wenn er etwas sehr wohl weiß, »um weitere Informationen zu erhalten oder bereits erhaltene miteinander zu vergleichen – aber meistens, weil ich der Überzeugung bin, dass man mit Bescheidenheit mehr erreicht als mit Besserwisserei«.[34]

Wer sich diesen Satz versagt, bewahrt schließlich seine Mitarbeiter auch vor eigenem Denken. Wenn es erst einmal zum Allgemeinwissen in der Firma oder Abteilung geworden ist, dass der Chef sowieso alles – zumeist sogar besser – weiß, dann fragt man doch gleich ihn, bevor man sich unnötig ins Wagnis unterschiedlicher Meinungen oder Sichtweisen begibt … Wer also darauf bedacht ist, diesen Satz zu vermeiden, fördert damit auch die (angeblich) so ungeliebten Rückdelegationen.

Nicht allwissend zu sein ist keine Schande. Dazu auch zu stehen, schafft Glaubwürdigkeit, Nähe und Berührbarkeit. So entstehen Vertrauen und Respekt.

---

34 Mark H. McCormack: »*Was Sie an der Harvard Business School nicht lernen*« (München 2002).

»Bitte hilf mir«

Während Helfen oder das Anbieten von Hilfe für Frauen eine Gelegenheit zu Kontakt und Beziehungsaufnahme ist, bedeutet es für Männer Schwäche und Inkompetenz. Dieser Unterschied im Verhalten der Geschlechter ist inzwischen ausreichend belegtes Faktum in der Genderforschung.

Deutlich erlebbar ist das ja bekanntlich, wenn er und sie im Auto nach der Adresse der Freunde in der neuen Reihenhaussiedlung oder nach dem Weg zum gebuchten Ferienhaus suchen: »Frag doch die dort drüben« ist die logische Anregung von ihr, sobald sich irgendein annähernd menschlich erscheinendes Wesen in der Landschaft zeigt. Der Antrag zur Entmündigung würde ihn kaum härter treffen. Für ihn ist das Leben Bewährung und Wettbewerb nach dem Motto: »Wer um Hilfe bittet, hat verloren.« (Natürlich gibt es für die beschriebene Szene auch die logische männliche Interpretation, dass »die dort drüben« sicher auch nicht von hier sind und sich schon gar nicht auskennen.)

Wirtschaftliche und natürlich auch politische und andere soziale Organisationen sind Systeme, die nur durch Zusammenarbeit, daher auch nur durch gegenseitige Hilfe funktionieren können. Die Alleingängermanie der Alles(besser)wisser und Alles(besser)könner ist ein Zeichen von Unsicherheit, nicht von Stärke.

Respekt bekommt der, der gut macht, was er kann, und sich bei dem helfen lässt, was andere besser (oder zumindest auch so gut) können.

Eine Hürde zu diesem Satz ist für manche wohl auch der Begriff »bitten«. Denn »von oben nach unten« – so meinen sie – bittet man nicht, sondern ordnet an. Nun ja, Respekt erwirbt die situativ einfühlsame Führungskraft, die auf der nuancenreichen Skala der Zuwendung und Kommunikation weiß, wann es für einen Wunsch oder eine Bitte oder eine Anordnung die rechte Zeit und der richtige Anlass ist. (Wir werden auf diese Palette der Appelle ein wenig später noch beim Thema *Klarheit* zu sprechen kommen.)

Es zeugt auch von mangelnder Lernbereitschaft und von Geringschätzung des Wissens und Könnens anderer, auf deren Hilfe zu verzichten. Selbstüberschätzung, Eigenbrötlerei und Narzissmus sind sicher nicht Qualitäten, die Respekt einbringen.

Führungsqualität zeichnet sich dadurch aus, dass die Führungskraft für jede Situation und Aufgabe die bestmöglichen Experten hat oder findet – im Haus oder außerhalb – und sich ihrer verfügbaren Talente und Fähigkeiten bedient. Wer sich jedoch von der kindlichen Phantasie des Alleskönners noch nicht verabschiedet hat, hat nicht nur Probleme mit dem Bitten und dem Delegieren, sondern ist oft auch noch beratungsresistent. Denn auch um Rat zu bitten, ist manchem dieser ängstlichen Verberger der eigenen Unsicherheit eine Niederlage.

Es ist unterschiedlich, wie lange es dauert, bis sie in ihrer *splendid isolation* im Elfenbeinturm gefriertrocknen. Ziemlich sicher ist nur, dass es geschieht.

»Das hab ich falsch gemacht«

Nach Allwissen und Allmacht ist der dritte Wahn des unsicheren Managers noch die Unfehlbarkeit. Diesen Wahn verzeihen Mitarbeiter viel weniger als die Fehler selbst, diese unvermeidlichen Begleiter des Handelns. François de La Rochefoucault hat das am schönsten auf diesen kurzen Nenner gebracht:

> *»Alle Fehler, die wir machen,*
> *sind leichter zu verzeihen*
> *als die Anstrengungen, die wir unternehmen,*
> *um sie zu verbergen.«*

Auch mit der Scheu vor diesem Satz der wirklich starken (im Gegensatz zur scheinstarken) Führungskraft vergibt man sich eine wichtige Lernchance: die Möglichkeit, aus Flops zu lernen. Gerade im Topmanagement sind langfristig nicht die Fehler das Problem, sondern der Umgang mit ihnen. Bei der Bereitschaft zu rascher Einsicht ist ja sofort die Möglichkeit des Reagierens und Gegensteuerns da. Schwierig sind die Fehler, die vertuscht und kaschiert werden – vor den Kollegen, vor den Mitarbeitern, vor dem Aufsichtsrat und den Aktionären. Die kosten dann Arbeitsplätze und Millionen oder Milliarden – und das Ansehen und den Respekt dessen, der sie versteckt und geleugnet hat.

Wenn die Kultur des Fehlerleugnens im obersten Management herrscht, geht davon auch die üble Beispielwirkung aus: Fehler darf es bei uns nicht geben. Daher hält man sich am besten in allen Aktivitäten vorsichtig bedeckt. (CYA – *cover your ass* ist das amerikanische Kürzel dafür.) Man tut nichts ohne genauen Auftrag inklusive Wegbeschreibung, heißt Ausführungsanweisung. Wenn doch was danebengeht, dann schnell unter den Teppich damit! Nur nicht erwischen lassen heißt: nur nichts riskieren – und das geht am besten, wenn man so wenig wie möglich tut.

Der dritte Schritt: Respekt ist keine Einbahn

Fehler zu erkennen, zuzugeben, aus ihnen zu lernen und sie damit abhaken und entsorgen zu können, ist ein lebenswichtiger Prozess unternehmenskultureller Psychohygiene. Wer ihn verstopft, verhindert den Verdauungsprozess vom Handeln übers Erkennen zum Wissen und Lernen – und somit zur Verbesserung. Die Entwicklung von Neuem ist in einer solchen Kultur schwer möglich. So werden Investitionen vernichtet, wie als positives Gegenbeispiel diese Begebenheit zeigt, die sich so oder ähnlich da oder dort wohl einmal zugetragen hat:

Bei der Produktion eines Auftrages für einen besonders wichtigen und anspruchsvollen Kunden verursachte eine für diesen Job absolut unzureichend ausgebildete Aushilfskraft, die damit nie hätte beauftragt werden dürfen, einen Fehler, der das Unternehmen für die Maschinenreparatur und die Neuproduktion etwa 100.000 Euro kostete. Es war, wie sich zweifelsfrei herausstellte, ein Fehler des Schichtführers in der Personalauswahl und -führung, was dieser auch in keiner Weise bestritt.

Tags darauf wurde er zum Technischen Vorstandsdirektor gerufen. Bevor dieser noch ein Wort sagte, bekannte sich der Schichtführer zu seinem Fehler und fügte dazu: »... darum kann ich auch verstehen, wenn Sie mich jetzt entlassen.«

Darauf der Technische Direktor erstaunt: »Wir sollen Sie entlassen? Jetzt, wo wir gerade hunderttausend Euro in Ihre Entwicklung gesteckt haben?!«

Wer eine Unternehmenskultur der Lernbereitschaft mit unverkrampfter Risikobereitschaft will, muss mit diesem Satz (»Das hab ich falsch gemacht«) – so wie mit den beiden anderen – ein Beispiel geben für Glaubwürdigkeit, Echtheit und selbstkritisches Selbstvertrauen. Dann wird er eine entwicklungsfördernde Atmosphäre der Zusammenarbeit ebenso bekommen wie den Respekt seiner Mitarbeiter.

Müssen Manager Menschen mögen?

Was Alexander vor über 2000 Jahren praktizierte – nämlich mitten in seinem Heer zu leben, für alle jederzeit sichtbar und ansprechbar –, das wurde in den 80er-Jahren des gerade erst vergangenen Jahrhunderts als Erfolgsrezept entdeckt, mit Namen versehen und als Beratermode verkauft: MBWA – *Management By Wandering* (bei manchen Usern mitunter auch: *Walking*) *Around.* Tom Peters[35] jagte damit in seiner wortgewaltigen Schnoddrigkeit die strategischen Schreibtischtäter – deren umtriebiges Herumsitzen in den Planungsstabsstellen er als McKinsey-Mann selbst am besten kannte – in die Fabrikhallen.

Diejenigen, welche die Botschaft nur als Technik verstanden haben, mit der man den Mitarbeitern demonstriert, dass man sie – wie es ja im Unternehmensleitbild behauptet wird – wichtig nähme, standen dann dort pflichtschuldig verlegen herum und klopften jovial die Schultern der operativen Belegschaft. Als die Modewelle wieder vorbei war, konnten sie wieder erleichtert in ihren Analytiker- und Strategenstuben Portfolio- und andere Grafiken rechnen, zeichnen und fürs nächste Meeting powerpointen.

---

35 Tom Peters, Robert Waterman: »*Auf der Suche nach Spitzenleistungen*« (Landsberg 1984).

Der dritte Schritt: Respekt ist keine Einbahn

Die wenigen in Großunternehmen, die es vom Sinn her wirklich ernst nahmen, erlebten durch MBWA das, was für Pioniere und Unternehmensgründer schon immer so selbstverständlich war wie einst für Alexander: Nähe, die Akzeptanz und Respekt bringt. Dieses Grundgefühl der Zusammengehörigkeit, in der die hierarchische Struktur Orientierung, aber nicht Trennung bringt, war unter anderem eines der Kennzeichen des »HP-Way« zum Erfolg über Jahrzehnte.

Zu den empfohlenen Praktiken des MBWA zählen:
- Zeit reservieren für informelle Wanderungen durch die Abteilungen,
- zur Verfügung stehen für Ad-hoc-Diskussionen,
- persönliche Netzwerke von Bekanntschaften quer durch die Organisation aufbauen und pflegen,
- jede Gelegenheit nutzen für Plaudereien beim Kaffee, Mittagessen oder in den Korridoren,
- Gespräche nicht im Managerbüro, sondern am Arbeitsplatz der Mitarbeiter führen …

Tom Peters liefert dazu noch diese sieben konkreten Anleitungen[36]:

> 1. Lass alle wissen, dass du 50 Prozent deiner Zeit im Unternehmen unterwegs sein wirst und dass es deine Kollegen genauso machen (wenn es auch wirklich so ist).
> 2. Achte peinlich genau darauf, dass Meetings eher in den Räumen der anderen stattfinden als in deinen.

---

36 Zitiert nach *www.1000ventures.com/business_guide/mgmt_mbwa.html*.

> 3. Bewerte Führungskräfte danach, wie ihre Mitarbeiter den Kontakt zu ihnen (in Quantität und Qualität) beurteilen.
> 4. Kündige einer Führungskraft, die nicht die Vor- und Zunamen aller ihrer Mitarbeiter kennt.
> 5. Halte Meetings und andere Arbeitsbesprechungen im Arbeitsbereich.
> 6. Gehe unerwartet in Büros und frage die Manager, warum sie nicht draußen sind.
> 7. Wenn du der Chef der Herstellung oder der Entwicklung etc. bist, richte dir ein zweites Büro im Arbeitsbereich deiner Mitarbeiter ein.

Als Beispiel für total gelebtes »Wandering Around« erzählt Peters unter anderem von Sam Walton, dem Gründer der Wal-Mart-Handelskette. Der ging nicht nur um halb drei Uhr morgens mit einer Kiste Gebäck zum Auslieferungslager, um dort mit den Arbeitern an der Verladerampe zu plaudern. Er flog auch mit seiner Privatmaschine nach Mt. Pleasant in Texas, stieg dort aus dem Flugzeug und wies den Kopiloten an, ihn 100 Meilen die Straße entlang wieder abzuholen. Dann hielt er einen Wal-Mart-Lastwagen an und fuhr diese Strecke mit, um ein, zwei Stunden mit dem Fahrer zu reden.

Das Wichtigste daran ist aber Sam Waltons Nachsatz bei dieser Erzählung: »Das machte großen Spaß!«

Wem es keinen Spaß macht, mit seinen Leuten Kontakt zu haben, wer auch in dieser Zeit lieber am – natürlich notwendigen! – Schreibtisch des Strategen, Denkers, Planers, Analytikers, Machers sitzt, der sollte das *Walking Around*

Der dritte Schritt: Respekt ist keine Einbahn

lieber vergessen. Als Technik laut Erfolgsrezept wirkt es, wie gesagt, eher peinlich als respektfördernd.

Wer diese Lust an der Nähe, die Freude am Kontakt überhaupt selten oder gar nicht spürt, sollte sich eher früher als später mit all seinem Horse-Sense überlegen, warum er denn Führungskraft geworden ist oder werden will. Nur weil es mehr Einkommen und sonstige Vergütungen gibt in der jeweils nächsthöheren hierarchischen Etage?

Diese Motivation ist der direkte Weg zum Aufstieg in die Inkompetenz, wie Laurence J. Peter[37] die Gegenrichtung zum Führungscharisma nannte: Man steigt aufgrund fachlicher Qualifikation in Positionen auf, für die andere Fähigkeiten, nämlich emotionale Intelligenz und soziale Kompetenz gefordert sind. Was jetzt gefragt ist, hat man nicht gelernt und interessiert einen möglicherweise auch gar nicht. So erreicht man trotz (beziehungsweise sogar wegen) seiner fachlichen Kompetenz gnadenlos den Level der Inkompetenz für die geforderte Aufgabe.

Auswege aus dieser Führungslücke (ausführlich besprochen in meinem Buch »Die vier Energien der Führung«)[38] gibt es mehrere:

- Führungspositionen dürfen nicht nur aufgrund fachlicher Kompetenz, sondern vor allem nach Beobachtung emotionaler und sozialer Fähigkeiten besetzt werden, was freilich leicht gefordert, aber schwer getan ist. Instrument dafür können neben der entsprechenden Wahrnehmungssensibilität professionelle Assessment-

---
37 Laurence J. Peter: »*The Peter Principle*« (London 1969).
38 A. a. O., *S. 81 ff.*

center und rechtzeitiges Lernen der sozialen Führungskompetenzen sein.

- Fachliche Spezialistenjobs sollten an Prestige und Salär ähnlich attraktiv sein wie Führungspositionen. So musste der eher beziehungsscheue Fachspezialist sich nicht genötigt fühlen, sich um etwas zu bewerben, was ihm gar nicht liegt, und dabei das vernachlässigen, was ihm Freude macht und dem Unternehmen nützt.

- Vor allem aber sollte Mitarbeiterführung nicht als das gesehen werden, was sich neben der Arbeit ergibt, sondern als bewusst zu gestaltende Aufgabe, die bei der Planung von Gesprächs- oder Fortbildungsterminen und bei der täglichen Zeitgestaltung mindestens die gleiche Priorität hat wie das Fachthema.

Du oder doch lieber Sie?

Die Nähe, von der wir oben gesprochen haben, schafft Vertrautheit. Gerade das ist es wiederum, wovor Führungskräfte oft Angst haben: »Dann haben die Leute ja keinen Respekt mehr vor mir – schon gar nicht mehr, wenn wir einander mit dem Vornamen anreden ...« Dann müssten alle amerikanischen und skandinavischen Unternehmen, in denen der Vorname die selbstverständliche Regel, der Familienname die Ausnahme im betrieblichen Umgang ist, ein großes Autoritätsproblem haben.

Haben sie aber nicht. Denn bei dieser Argumentation wird Angst aufbauende und Macht erhaltende Distanz mit respektierender Akzeptanz verwechselt. Diese beiden Themen bedingen einander nicht – im Gegenteil: Angst und Distanz schließen Respekt und Akzeptanz aus.

Wirklicher Respekt verträgt nicht nur Nähe, sondern braucht sie sogar. Die Angst vor dem Nähe vermittelnden Du wird oft in den abwehrenden Satz geprägt: »Du Idiot sagt sich leichter als Sie Idiot – darum bleibe ich lieber beim Sie.« Mir allerdings ist es lieber, es sagt jemand: »Du Idiot« – als dass er sich denkt: »Sie Idiot«. Denn im einen Fall können wir über unsere Beziehung und das Problem, das wir offensichtlich miteinander haben, reden. Im zweiten Fall kennt nur er unser Konfliktthema, und ich bleibe unwissend und unfähig, etwas daran zu ändern.

Ist die Angst vor der Nähe daher auch die Angst vor Ehrlichkeit und Offenheit? Somit liegt in der Entscheidung fürs Du oder Sie schon auch die Antwort auf die Frage: Wie viel Nähe will ich und vertrage ich? Und wie viel Distanzierung brauche ich, um welchen Schutz nicht zu gefährden? Was könnte denn da umfallen oder durchschaut werden, wenn man mir zu nahe kommt?

Mitunter ist es auch ein schon sehr früh – genau genommen sogar pränatal – geprägtes oder zumindest verursachtes Muster, das Nähe und Leistung, Zuwendung und Anspruch so unausweichlich verbindet. Am grausamsten lernen das die ungewollten Kinder, die sozusagen »passiert« sind und möglicherweise dadurch noch Ursache für die Heirat ihrer Eltern geworden sind. Der Prägestempel »Ich sollte eigentlich gar nicht auf der Welt sein« beflügelt sie nicht selten zu Höchstleistungen auf den unterschiedlichsten Gebieten – vom Klassenprimus bis zum Workoholic, Skiflugweltmeister, Generaldirektor und Bundespräsidenten. Denn sie beweisen von Kind auf täglich ihren Eltern und der ganzen

Du oder doch lieber Sie?

Welt, wie wichtig es ist, dass es sie dennoch gibt. Und mit jedem Leistungserfolg ernten sie auch Zuwendung und Nähe.

Sie lernen erfolgreich, dass sich Liebe mit Leistung erkaufen lässt – und argwöhnen daher auch im Umkehrschluss, dass Nähe immer gleich mit Leistungsanforderung verbunden ist. Wenn man sich die Leute daher auf Distanz hält, ist man ihnen auch nicht so viel schuldig ...

Es ist kein Zufall, dass diese Angst vor Nähe so oft in den höheren Regionen der Macht zu finden ist. Sie ist schließlich für viele der lebenslange Motor zum Erfolg. Das Tauschgeschäft Liebe gegen Leistung unter Verzicht auf Nähe gerät allerdings in Gefahr, wenn durch irgendwelche Umstände – und sei es auch nur die Pensionierung – die Leistung nicht mehr gefragt ist ...

Den gleichen Antreiber zu Höchstleistungen mit dem Kaufpreis der Distanzierung haben auch die, die nicht in ihrer (Bau-)Weise geplant waren, wie etwa das Mädchen, das für den Macho-Papa ein Knabe hätte werden sollen. Ihr Leben lang beweist sie nun ihrem Vater (in Form der ganzen Welt, auch wenn er schon lange himmel- oder höllenwärts gesiedelt ist), dass sie noch viel toller ist, als es ihre männliche Produktvariante je geworden wäre ...

Die Führungskraft hat die Wahl: Will sie kraft ihres Amtes mit Macht und Drohung bestimmend sein? Oder will sie kraft ihrer selbstsicheren Persönlichkeit, welche Nähe verträgt, sucht und anbietet, Akzeptanz, Wertschätzung und damit Respekt erhalten?

Genau genommen hat sie diese Wahl nicht immer – sondern nur, wenn sie über die persönlichen Qualitäten und

Fähigkeiten verfügt, um Respekt zu bekommen, ohne ihn sich ständig mit Drohung und Berufung auf ihr Amt einfordern zu müssen. Denn wer Respekt nur durch Druck erhält, muss Distanz halten aus berechtigter Angst vor dem Gegendruck, der wirksam wird, wenn man gerade einmal nicht Acht gibt ...

»Durchsetzen!«

Um durch Leadership by Horse-Sense das Charisma der Führung auszustrahlen, brauchen wir nach allen bisher Gesagten:

- Die Sensitivität und emotionalen Intelligenz, um wahrzunehmen und wahrgenommen zu werden,
- die soziale Kompetenz, den Mut und die Demut, um Vertrauen zu geben und zu bekommen,
- das Interesse an Menschen und die Bereitschaft zu Nähe, um persönlich zu berühren und berührt zu werden

Neben all dem gehören dazu auch eine Anforderung, die sich mir vor einigen Jahren in Augen und Gehirn brannte:

Über dem westlichen Ende des Bodensees hat sich ein Schweizer Unternehmer auf einem Hang mit Blick über Ermatingen, Konstanz hinüber nach Meersburg eine Vision zu verwirklichen geleistet: das Unternehmerforum Lilienberg, ein Tagungszentrum mit perfektem Komforthotel und gediegenem Restaurant für die Gäste.

Dort treffen sich zu Symposien, Kongressen, Workshops, Seminaren Unternehmer, Manager und Mitarbeiter miteinander und auch mit Politikern, Lehrern, Wissenschaftlern, Beratern zum Erfahrungs-, Gedanken-,

Ideenaustausch, zum Lernen und zum Arbeiten in gediegenem Ambiente.

Unter kundiger Führung wird auch Zutritt ins »Allerheiligste« gewährt. Das ist unter einer Glaskuppel in dem gepflegten Garten ein unterirdischer Raum, in dem der erfolgreiche Firmengründer und -führer Walter Reist seine unternehmerischen Grundsätze präsentiert.

Zwischen Gesetzestafeln, mit denen selbst Moses auf dem Weg talwärts einst gute Figur gemacht hätte, liegt dort auch ein »Stein der unternehmerischen Weisheit« mit der Aufforderung in etwa: »Wenn Sie diesen Stein heben, erfahren Sie das Geheimnis des Führungserfolgs.«

Der Verlockung konnte ich nicht widerstehen, und als ich ihn aufhob, leuchtete mir darunter nur ein Wort entgegen: »Durchsetzen!«

Zartbesaitete Gutmenschen mag solche Deutlichkeit erschrecken, doch der Erfolg gibt wohl dem Autor zweifelsfrei Recht. Damit meine ich nicht nur den Erfolg des Walter Reist, mit dessen Förderbändern fast jede Zeitung der Welt von der Rotationsmaschine ins Expedit läuft, sondern den Erfolg aller großen Führungskräfte von Alexander dem Großen bis Jack Welch.

Durchsetzungsbereitschaft und -fähigkeit werden etwas weniger schmeichelhaft auch Dominanzstreben genannt. Das meint freilich das Bedürfnis, andere zu dominieren. Damit sind aber auch Klarheit und Bestimmtheit aus Selbstbewusstsein gemeint, auch Konsequenz und Berechenbarkeit aus Fairness im Wettbewerb. In internationalen Anforderungsprofilen ist es als *assertiveness* gefordert.

Der dritte Schritt: Respekt ist keine Einbahn

Durchsetzungswille ist der »Biss«, der nicht verbissen, sondern kraftvoll wirksam macht. Er ist auch das Aggressionspotenzial, das zerstörend und vernichtend »verheizen« kann. Es kann aber auch für wirtschaftliche, kulturelle, politische, soziale Leistungen »entflammen« und so in produktives Handeln geleitet werden. Erfolgreich als beachtete und respektierte Führungskraft ist, wer dieses »Feuer« hat und gezielt für die Ziele eines Unternehmens einsetzt.

Diese Fähigkeit, sich und seine Sache durchzusetzen, ist Ergebnis eines persönlichen Entwicklungsprozesses. Der beginnt mit der Geburt und durchläuft bereits in der Kindheit Phasen, in denen diese Qualität gefördert oder unterdrückt werden kann.[39] Der im unterschiedlichen Erleben von Selbstbehauptung erfahrene und geprägte Durchsetzungswille entscheidet über Selbstvertrauen, Bestimmtheit und Konfliktbereitschaft in Führungssituationen.

Wer diese Energie für den egoistischen Karrieretrip bündelt, wird ungefähr gleich viel Energie und Konzentration für die Abwehr der Gegner brauchen. Wer sie aber – durchaus nicht unbedingt selbstlos – auch mit einer Idee verbindet und verwendet, die er anderen vermitteln und mit ihnen teilen kann, vervielfältigt sie durch alle, die er damit in seinen Sog zieht.

Durchsetzung ist nicht die blindwütige Rücksichtslosigkeit des Ellbogenmenschen, aber es ist ein deutlicher Gegensatz zum aufschiebenden Aussitzer, der ohne einstimmige Teamharmonie nicht aktiv wird. Und doch sollte die respektierte Führungskraft ständig dialogbereit bleiben.

---

39 Ausführlicher beschrieben bei Hendrich: »*Die vier Energien des Führens*«, S. 55 ff.

Die hier geforderte Qualität hat mit Entscheidungsbereitschaft und Entschlusskraft zu tun, auch wenn noch nicht alles bis ins letzte Detail abgewogen ist. Wer dann noch das Paradoxon schafft, mit dieser Energie gelassen und nicht ungeduldig zu agieren, der und die haben's geschafft.

Die Anforderung an die intelligente Führungskraft ist es ja schließlich, die Widersprüche, in die sie unentwegt eingespannt ist, in ihrer oft absurden Polarität zu erkennen und dennoch nicht daran zu verzweifeln, sondern handlungsfähig zu bleiben. »Intelligenz« definierte ohnehin schon vor etwa 100 Jahren Lord Acton als »die Fähigkeit, Widersprüche zu erkennen, ohne dabei verrückt zu werden«.

Tierisch bildhaft sind diese Anforderungen in meinem »Leader-Buch«[40], einer Sammlung von Ratschlägen und Seitenhieben für Manager zusammengefasst.

Danach hat die Führungskraft dieses Jahrtausends zu sein:

- flexibel wie eine Gazelle und beharrlich wie ein Elefant
- flink wie ein Wiesel und bedacht wie eine Eule
- loyal wie ein Hirtenhund und frei wie ein Steppenwolf
- sprungbereit wie eine Katze und gelassen wie ein Nilpferd
- teamfähig wie eine Ameise und eigenständig wie eine Spinne
- gesellig wie ein Pinguin und distanziert wie ein Igel

---

[40] Fritz Hendrich: »*Das Leader-Buch – Ratschläge und Seitenhiebe für Manager*« (Wien/München 2002).

Der dritte Schritt: Respekt ist keine Einbahn

Außerdem muss sie:

- ➢ Ideen aufspüren und wieder verwerfen
- ➢ Meinungen bilden, vertreten und verändern
- ➢ Strategien verfolgen und infrage stellen
- ➢ Dinge und Personen schätzen und wieder loslassen
- ➢ Mitbewerber beobachten und ignorieren
- ➢ die Fernbedienung der multimedialen Bereichssicherung ebenso beherrschen wie den Mobbingkonflikt in der Buchhaltung

Führungscharisma zeichnet sich offensichtlich dadurch aus, dass in keinem dieser paradoxen Spannungsbögen die laue Mitte gewählt wird, sondern das für die Persönlichkeit stimmige Extrem, welches der Situation gerecht wird.

Spätestens hier sollte nun deutlich werden, dass Charisma selbst nicht wie eine Technik lernbar sein kann. Wohl aber lohnt es sich, seine Voraussetzungen und Instrumente auszuleuchten, um zu erkennen, wo diese Gnadengabe gegeben ist und wo die Lern- und Entwicklungsfelder in mehr oder weniger erreichbarer Nähe sind.

Vom Wunsch zum Befehl

Neben der überzeugenden Bestimmtheit sind auch die kommunikative Klarheit und ein kluges Gespür für die situative Angemessenheit der Mittel Werkzeuge der respektierten Führungskraft.

Sie wird daher wissen, wann es für die Durchsetzung ihrer Pläne, für die Verwirklichung des gemeinsamen Ziels genügt, eine Frage zu stellen, ein Angebot zu machen,

Vom Wunsch zum Befehl

einen *Wunsch* zu äußern, oder wann es notwendig ist, die Mitarbeiter um etwas zu *bitten* – möglicherweise um Verständnis, um Hilfe oder gar um Verzeihung.

Die nächste Steigerung kommunikativer Durchsetzung sind ein Vorschlag oder ein *Aufruf*, der auch schon den nachdrücklicheren Ton der *An-* oder *Aufforderung* bekommen kann. Sich dabei auf vereinbarte und akzeptierte gemeinsame *Normen zu berufen*, erhöht den Druck in der Palette der Appelle, die bis zu diesem Steigerungsgrad die Ausführung freistellen.

Die ausdrückliche *allgemeine Anordnung* und der *persönliche Befehl*, deren Nichtbefolgen *Ultimaten* mit *Sanktionen* nach sich zieht, sind die Instrumente, welche die respektierte Führungskraft nur mehr selten einzusetzen braucht. Denn im Sog der von ihr vermittelten Klarheit kennt jeder und jede seinen und ihren Anteil der gemeinsamen Aufgabe, ist für diesen kompetent und fühlt sich für dessen optimale zielorientierte Erfüllung verantwortlich.

Die Stufen kommunikativen Drucks

7. Ultimatum
6. (persönlicher) Befehl
5. (allgemeine) Anordnung
4. Berufen auf Normen, Anforderung
3. Vorschlag, Ratschlag
2. Bitte, Wunsch
1. Frage, Angebot

Die Führungskraft, die durch ihre Visions- und Überzeugungskraft wirkt, baut daher erfolgreich auf gewaltfreie

Kommunikation. Der Führer, dem für seine Vision die Überzeugung fehlt, muss sie durch Drohung und Zwang durchsetzen. Hier wirkt der Sog der Akzeptanz bis Begeisterung – dort der Angst verbreitende Druck. Charisma spreche ich nur der einen Seite zu – nicht der anderen.

Gewaltfreie Kommunikation ist die zentrale Botschaft und das vom persönlichen zum missionarischen gewordene Anliegen von Monty Roberts und allen anderen Pferdeflüsterern. Sie beruht auf einer hoch sensitiven Wahrnehmung, dem Aufbau von beiderseitigem Vertrauen und dem Respekt durch Kompetenz und Klarheit. Dass dies für den Umgang mit dem Sozialwesen Mensch in gleicher Weise gilt wie für das nonverbale Gespräch mit dem Herdentier Pferd, ist hoffentlich bis hierher deutlich geworden.

Für die zwischenmenschliche Konfliktsituation hat Marshall B. Rosenberg[41] sein Modell der gewaltfreien Kommunikation (GFK) ähnlich aufgebaut: Ein konstruktiver, von Respekt getragener und gegenseitiges Respektieren bewirkender Umgang mit Konflikten führt über die folgenden vier Schritte zur lösungsorientierten Konfliktbearbeitung:

1. Beobachte und beschreibe konkrete *Handlungen* (anstatt Mutmaßungen, Vorwürfen, Unterstellungen, Anschuldigungen, Interpretationen ...).

2. Berichte über *Gefühle*, die daraus entstehen, und wie sie dein Befinden beeinflussen.

---

41 Marshall B. Rosenberg: »*Gewaltfreie Kommunikation*« (Paderborn 2002).

3. Erkläre die *Bedürfnisse*, die sich daraus für dich entwickeln, und schließlich:
4. *Bitte* um konkrete Handlungen, damit es beiden Seiten besser gehen könnte.

Ehrlicher Ausdruck mit empathischem Zuhören ist das Ergebnis, wenn man mit diesen Regeln – nicht als Rezepttechnik, sondern als Selbstverständlichkeit des respektvollen Umgangs – kommuniziert.

Nichts riskieren kann riskant sein

Noch ein schmaler Grat zwischen zwei scheinbaren Paradoxa von Leadership soll hier beachtet werden. Das ist die Balance zwischen Besonnenheit und Überlegung auf der einen Seite, Mut zum Risiko auf der anderen.

Führungskräfte werden respektiert für das, was sie tun – nicht für das, was sie abwägen, bedenken, in Dauermeetings bereden, von Projektgruppen analysieren lassen und dann doch lieber aufs nächste Geschäftsjahr verschieben. Auch Alexander hätte weder Bukephalos noch das Persische Reich mit der Grundhaltung des Bedenkenträgers erobert.

Mag sein, dass der Mut zum Risiko nicht gerade die Einstellung ist, die im sozialen Wohlfahrtsstaat gefragt ist und gefördert wird. Alles muss abgesichert sein. Gegen alles gibt es eine nivellierende Versicherung und lebenslange Garantie. Der Staat gebärdet sich als – heuchelnde und erschöpft hechelnde, weil leider doch nicht in dieser Rolle funktionierende – lebenslange Risikovermeidungsagentur. Für seinen Lungen- oder Kehlkopfschaden fühlt sich der

Der dritte Schritt: Respekt ist keine Einbahn

Raucher nicht mehr selbst verantwortlich. Wenn einer im Garten seine Alu-Leiter gegen die Hochspannungsleitung lehnt, können sicher die Erben klagen, dass vor solcher Verwendungsart in der Gebrauchsanleitung nicht gewarnt worden ist. Auch sich heißen Kaffee bei McDonalds über die Schenkel zu gießen, bringt bekanntlich Millionen an Schadenersatz und Schmerzensgeld ...

Und weil das Führen von Großunternehmen oder gar von Ämtern, Behörden und halb kommerziellen staatlichen Institutionen ein so gefährliches Unterfangen ist, muss es vor allem ganz oben mit milliardenschweren Polstern und Fallschirmen für den Fall des Scheiterns abgesichert sein.

Nein, die mutige und auch demütige Bereitschaft, Verantwortung für eigenes Handeln zu tragen, ist nicht gerade die Tugend, die in unserer Vollkaskogesellschaft verbreitet ist. (Abgesehen von der Freizeitgestaltung am Bungeeseil die Brücke runter, auf dem Snowboard im Lawinenhang oder auf dem Motorrad im 30-Grad-Winkel in der unübersichtlichen Linkskurve – natürlich mit Kranken-, Berge- und Verdienstausfallversicherung.)

Erschwerend kommt jetzt noch der ernüchternde Schock dazu, nachdem leichtfertige bis waghalsige Desperados im egomanischen Erfolgs-High-Fly wie im Drogenrausch, verkleidet als Technologie- oder Wertpapierexperten, Hunderttausende Arbeitsplätze und Milliarden an Ersparnissen in einem Bruchteil der Zeit, in der sie aufgebaut wurden, vernichtet haben. Heute nach den risikobereiten Charismatikern zu rufen, fällt schon schwer, nachdem diejenigen, die noch zur Jahrtausendwende auf Titelblättern und in den Coverstories der Managermagazine als solche gefeiert wurden, nach Plünderung der Firmenkassen auf ihrer karibischen oder pazifischen Insel oder hinter Schloss und Riegel sitzen.

Das alles kann aber nicht darüber hinwegtäuschen, dass seit jeher in allen mythischen und realen Erfolgsgeschichten der Weg des charismatischen Helden mit Entschlusskraft und Handlungsbereitschaft durch Wagnis und Risiko geführt hat. Die selbst ernannten so genannten und scheinbaren Helden, Leader und Charismatiker erkennt man daran, dass sie das Risiko auf andere abwälzen und ihre Schäfchen ins Trockene bringen. Daraus wachsen Distanz statt Nähe, Unglaubwürdigkeit statt Vertrauen, Neid und Verachtung statt Respekt.

Die eine Möglichkeit ist es, Risiko auf andere zu lenken und sich abzusichern. Die zweite ist es, Risiko überhaupt zu meiden – und damit Entwicklung. Denn jeder entscheidende Schritt nach vorn – im Change-Management oder in der Entwicklung der Menschheit überhaupt – ist mit der Bereitschaft zur Gefahr verbunden. Erfolg gibt es nicht mit Garantieschein und Rückgaberecht bei Nichtgefallen. Wenn Entwicklung gefordert ist, gilt wohl der Grundsatz: »To take no risk is the biggest risk of all.«

Doch für den, der an Fortschritt interessiert ist, für den er seine Mitarbeiter begeistern will, gibt es nur die dritte Möglichkeit: die Entscheidung treffen in Kenntnis der Gefahr, dass sie falsch sein könnte, und in der Bereitschaft, für den Ausgang die Verantwortung zu übernehmen. Lee Iacocca[42] soll dazu gesagt haben: »An irgendeinem Punkt muss man den Sprung ins Ungewisse wagen, weil selbst die richtige Entscheidung falsch ist, wenn sie zu spät erfolgt.«

---

42 Zitiert nach Uwe Böning: »*Exzellent führen*« (Freiburg 1989).

Der dritte Schritt: Respekt ist keine Einbahn

Tu wovor du Angst hast

Gefragt ist hier nicht der bedenkenlose Leichtsinn, die verantwortungslose Tollkühnheit des Waghalsigen, sondern ein Mut, der sich nicht als mangelnde Einsicht ins Risiko definiert und versteht. Das kann im einen Fall der Mut zum Neuen und Unbekannten sein, im anderen Fall der Mut zum Verzicht auf eine verlockende Gelegenheit.

Es gibt das Patentrezept auch dafür nicht, wohl aber den guten Rat, seine Ängste und persönlichen Grenzziehungen in zwei Richtungen zu hinterfragen.

Erstens: Woher kommt die Angst?

➢ Aus welchem persönlichen Verhaltensmuster?

➢ Aus welchen Erfahrungen, die vielleicht unter ganz anderen Umständen gemacht worden sind und dabei Prägungen verursacht haben, die für hier und heute gar nicht sinnvoll sind? Unbewusst werden Szenarien von früher in die Zukunft projiziert. Die Chance, dass sie sich bewahrheiten, obwohl sie zunächst gar nicht zutreffend gewesen wären, wird durch den Effekt der *self-fulfilling prophecy* gehorsamst erhöht.

Zweitens: Wohin führt die Angst?

➢ Was ist das Schlimmste, was passieren könnte, wenn ich sie ignorieren würde?

➢ Welche Auswirkungen könnte das im einen Fall haben und welche im anderen?

➢ Welche ist die schlimmstmögliche Folge und wen betrifft sie wie?

➢ In welche Teilschritte, nach denen ich umdrehen oder weitergehen kann, lässt sich das Thema beziehungsweise die Aktion, die jetzt gefordert ist, zerlegen?

Ein Patentrezept übrigens gibt es ausnahmsweise auch: Es ist das Erfolgsrezept für jede Entwicklung – im persönlichen Bereich bis hin zur Erleuchtung. Das Schöne (oder auch Entmutigende) daran ist, dass man es auch jedem sagen kann, weil es ohnehin kaum einer (Autor eingeschlossen) befolgt. Es heißt – wollen Sie es wirklich wissen? Na gut, auf Ihr Risiko –, es lautet:

Tu das, wovor du Angst hast!

Das ist zweifellos der sicherste Weg, neue Erfahrungen und somit Entwicklungsschritte zu machen. Ständig vor jeder kleinsten Angstmauer Halt zu machen und umzudrehen, bis man an die nächste anstößt, um vor dieser wieder zu verharren und kehrtzumachen – das führt auf jedem Fall zum Kreisen in der ewig gleichen Bratpfanne. Das Muster, in dem wir dabei unsere Kurven ziehen, ist das, was man zu einem guten Anteil mit Charakter bezeichnet und unter Temperament versteht. Was uns dabei im Zeitablauf widerfährt, ist das, was wir Schicksal nennen. So könnte also die kürzest Definition lauten: Schicksal = Angst × Zeit.

Zugegeben: Das ist wissenschaftlich absolut nicht haltbar und äußerst unvollständig. Aber ist es nicht dennoch überlegenswert? Und noch ein wichtiger Umsetzungshinweis: Wir sprachen von Angst, nicht von Vorsicht. Im Gegensatz zur Angst, die sich – wie wir ja schon besprochen haben – von *angus*, dem lateinischen Wort für eng, ableitet, hat Vorsicht mit voraus-sehen zu tun.

Der dritte Schritt: Respekt ist keine Einbahn

Dieses Vor(her)sehen, das in der Vorsicht steckt, ist ein Ergebnis aus der Anwendung von erlebter Erfahrung auf künftige Situationen. Angst hindert und blockiert, Vorsicht bewahrt davor, die gleiche Erfahrung unnötigerweise mehrmals zu machen, und ist daher zumeist eher ein Entwicklungshelfer. (Wenn ein Kind nicht mehr auf die heiße Herdplatte greift, dann tut es das nicht aus Angst, sondern aus einer durch Erfahrung gewachsenen Vorsicht.)

Das ist daher auch der doppelte Auftrag an die erfolgreiche – dadurch allein noch nicht charismatische, aber doch ein Stück mehr respektierte – Führungskraft im Umgang mit Risiko:

Mut statt Ängstlichkeit –
aber Vorsicht statt Leichtfertigkeit!

CHARISMA

Göttlich? Übermenschlich? Lernbar?

Über Alexanders Führungskompetenz schreibt Arrian[43]:

»... keine Mühe und Anstrengung scheute er; blitzschnell fasste er die Dinge auf, und ebenso rasch waren seine Entschlüsse. Er war der tapferste, ehrgeizigste, gefahrenliebendste Mensch und frömmste Gottesverehrer. Die Lüste des Körpers hatte er vollkommen in seiner Gewalt. Dagegen war er in geistiger Hinsicht vollkommen unersättlich ...«

Das klingt zumindest nach einer Mischung von Einsatzbereitschaft und Intelligenz, Kompetenz und Entschlusskraft, von Mut und Demut, Zielorientierung und Ausgeglichenheit sowie ständiger Lernbereitschaft. Zum Glück ließ Alexanders Mutter Olympias durchblicken, dass nicht – oder zumindest nicht nur – König Philipp II. von Makedonien sein Vater war. Göttervater Zeus selbst habe in Blitz- oder Schlangenform mitgewirkt. Sie selbst stammte ja aus einer Familie, die ihre Herkunft vom Halbgott Herakles, Sohn des Zeus und der Alkmene, ableitete.

Somit ein Abstammungsverdacht, der ausreicht, um Alexander aus menschlichen Vergleichskategorien zu entrücken, hinauf ins zumindest Halbgöttliche. Das hat den Vorteil, dass man sich dann im praktischen Führungsalltag

---
[43] A. a. O.. S. 400.

nicht mit ihm messen muss und sich diesen Ansprüchen, weil unerreichbar für Sterbliche, nicht zu stellen braucht. Charisma ist dann Kismet, unbeeinflussbares Schicksal für Irdische. Wem's gegeben ist, der hat's – für andere unerreichbar.

Ein guter Teil der Wissenschaft, welche die Kompetenz beansprucht, Charisma zu definieren – das sind vor allem Soziologen und auch Psychologen –, konzentriert sich darauf, diese Qualität als eine über-natürliche Ausstrahlung und über-menschliche Wirkung zu beschreiben. Dem zuzustimmen hängt wohl davon ab, wie eng und bescheiden man die Grenzen des Natürlichen und des Menschlichen zieht ... Es hat auch etwas Verführerisches, herausragende Leistungen mit dem Etikett »Genie« zu versehen oder als übermenschlich zu punzieren. Damit erspart man sich die Mühsal, sie als Maßstab der eigenen Leistung nehmen zu müssen, die ja immer nur eine menschliche sein kann.

Denkmöglich ist auch eine hoch aktuelle Gegenrichtung: Charisma kann jeder entwickeln – wir sagen Ihnen wie. Unter diesem Motto gibt es alle paar Jahre ein neues Ratgeberbuch mit empfohlenem Seminar inklusive Heilsversprechen: Jeder wird zum charismatischen Leader, wenn er brav übt, was dort empfohlen wird. Die Anzahl der charismatischen Manager, die mir in einigen Jahrzehnten Berufserfahrung begegnet sind, lässt mich schließen, dass es so leicht offensichtlich nicht ist. Sonst hätte es doch zumindest eine Hand voll werden müssen.

Was also ist nun Charisma und was nicht? Was lässt sich davon lernen? Wie kann man etwas davon in sich entdecken und fördernd entwickeln – und was daran ist ganz einfach schicksalhaft oder bleibt sogar von einem Schleier des Ungreifbaren bis Unbegreiflichen geschützt?

Göttlich? Übermenschlich? Lernbar?

Der Ruf nach »charismatischen Führern« in der Wirtschaft ist in letzter Zeit wieder etwas lauter geworden. Das könnte wohl ein Reflex auf die Unübersichtlichkeit der Werte sein, nachdem die selbstherrlichen Manager-Zampanos nationale Denkmäler vom Himmel (etwa der amerikanischen oder schweizerischen Luftfahrt) geholt und in den Boden gerammt und Banktresore mit dem Unverwundbarkeitsimage von Fort Knox gesprengt beziehungsweise in die Pleite geführt haben.

Positiv an diesem Prozess (in dem wohl noch viele handels- und strafrechtliche Prozesse über Jahre laufen) ist wohl, dass nach der Ernüchterung des Führer- und Heldenglaubens des vorigen Jahrhunderts das neue Säkulum gleich mit den Warnsignalen vor den falschen Heroen beginnt.

Die eine Schlussfolgerung könnte sein, dass wir auf Heroen und Charismatiker besser verzichten und uns mit dem soliden, fachlich kompetenten Manager und wirtschaftlich wirksamen Erfolgstechniker des Kostensparens und Profitmaximierens begnügen. Fürs Scherbenaufräumen und Sanieren nach den Pleitenschocks der Jahrtausendwende eine absolut brauchbare Sofortmaßnahme. Allerdings: Ohne Wirtschaftlichkeit schaffen wir es in der Berufswelt nicht, aber ohne Menschlichkeit ertragen wir sie nicht. Sollten wir daher das essenziell menschliche Bedürfnis nach Leitfiguren wirklich dem Sport- und Showbusiness überlassen?

Sollte nicht doch auch im ökonomischen Arbeitsfeld da oder dort das Strahlen von Persönlichkeiten spürbar sein und daher angestrebt werden, die man – freilich auch, aber nicht nur wegen ihrer fachlichen Kompetenz – wahrnimmt, beachtet und schätzt, denen man vertraut und die man respektiert? Hat eine solche Persönlichkeit dann Charisma?

Mit seinem neuerdings verstärkten Gebrauch gerät der Begriff in Gefahr, abgegriffen und je nach Bedarf zurechtgeknetet zu werden. Wer soll denn auch authentisch bestimmen, was darunter zu verstehen ist und was nicht? Das Qualitätssiegel der Gültigkeit hat sich – zumindest in der Wissenschaft – der Soziologe Max Weber[44] schon vor einigen Jahrzehnten gesichert. Er versteht darunter:

»... eine als außeralltäglich ... geltende Qualität einer Persönlichkeit, ... um deretwillen sie als mit übernatürlichen oder übermenschlichen oder mindestens spezifisch außeralltäglichen, nicht jedem anderen zugänglichen Kräften und Eigenschaften begabt oder als gottgesandt oder als vorbildlich und deshalb als ›Führer‹ gewertet wird.«

So sah es zumindest der Soziologe vor nunmehr auch schon bald hundert Jahren. Gehen wir aber besser noch ein paar Jahrtausende zurück an den Ursprung, ins Griechenland der Antike, wo dieser Begriff geprägt wurde. Abgeleitet von χαριζομαι *(charizomai)* mit der Bedeutung »einen Dienst erweisen, sich die Götter geneigt machen, wohlgefällig sein« meinte man mit χαρισμα *(charisma)* eine »(göttliche) Gnadengabe«[45]. Die Griechen sprachen also Charisma jemandem zu, der den Göttern so gefiel, dass sie ihn mit Gnadengaben segneten, die ihn auch den Menschen wohlgefällig machten.

---

44 Max Weber: »*Wirtschaft und Gesellschaft*« (s. o.).
45 Wilhelm Gemoll: »*Griechisch-deutsches Schul- und Handwörterbuch*« (München/Wien 1957).

Göttlich? Übermenschlich? Lernbar?

Entgegen dem inflationären Gebrauch – etwa für jeden irgendwie auffälligen Popstar oder Sportler – sollten wir auch das Wort nur gebrauchen, wenn wir eine Gabe meinen, die nicht jeder haben und sich auch nicht aus Rezeptbüchern oder Seminaren aneignen kann, gewissermaßen »gegen den Willen der Götter«. (Ob man diesen lieber in der DNA-Analyse oder im Horoskop zu erkennen und erforschen sucht, sei dem weltanschaulichen Gusto überlassen.)

Begabungen – um nun für die Gnadengabe diesen etwas aktuelleren Begriff zu verwenden – brechen sich aber nicht unaufhaltsam Bahn, wenn ihr Empfänger in tatenloser Forderungshaltung darauf wartet, dass die Welt seine Genialität erkenne. Für ein Geschenk von oben (oder wo immer die für den jeweiligen Empfänger zuständigen Götter thronen mögen) sollte man sich zuerst empfänglich machen und dann würdig erweisen.

Begabungen sind latente Möglichkeiten, die durch Arbeit an und mit ihnen zu entwickeln sind. Deshalb ist der erfolgreiche Einsatz der möglichen Gnadengabe Charisma zu erarbeiten, und somit ist es doch lohnend und empfehlenswert, sich um die einzelnen Werkzeuge zu kümmern, durch die Charisma strahlen kann. Auch wenn es dabei – im Widerspruch zum Heilsversprechen mancher Autoren oder Seminaranbieter – keinen Garantieschein für Charismaentfaltung gibt, so garantiert ein solcher Lernprozess zumindest Schritte in der Entwicklung der Persönlichkeit.

Am Ende dieses Prozesses kann die charismatische Führungskraft ebenso stehen wie auch andernfalls die für den Manager und sein Umfeld gleichermaßen heilsame Einsicht, dass die persönlichen Qualitäten auf einem anderen Gebiet besser entfaltet werden könnten als in der Aufgabe Führungskraft.

Das persönliche Talenteportfolio eines erfolgreichen Beraters etwa oder eines Forschungsexperten ist ein deutlich anderes als das eines Topmanagers. Wer mit seiner Bauweise auf der falschen Strecke unterwegs ist, der oder die hat dort so hohe Erfolgsaussichten wie der Formel-1-Bolide im Gelände oder der Landrover auf dem Nürburgring.

Es geht also um die ernsthafte und dann in jedem Fall nutzbringende Arbeit der selbstkritischen Persönlichkeitsentwicklung. Es geht nicht um den Schnellsiedekurs in Manipulations- und Selbstprogrammierungstechniken beim Motivationsguru mit Glasscherbensprung, Feuerlauf und Hochseilgarten-Balanceakt. Damit sei nicht behauptet, dass diese modischen Herausforderungen nicht für die eine oder andere Erfahrung recht nützlich sein können! Sie sollten nur nicht zur Mutprobe mit Gruppendruck missbraucht, sondern für das umsichtige Ausloten und Erweitern der Grenzen im Kopf genutzt werden.

Horse-Sense in der Arbeit mit Pferden zu entwickeln, ist aber anders gemeint. Hier geht es nicht darum, sich oder andere zu manipulieren, zu programmieren oder zu konditionieren. Es ist die Gelegenheit, sich durch unmittelbares ungeschminktes Feedback ohne Kalkül und Rücksicht des Feedbackgebers Anregungen zu holen für die Führungsthemen, die an einer charismatischen Persönlichkeit zu erleben sind.

Die Themen und Fragestellungen, auf die man dabei kommt und die dann denen hilfreich sind, die Führungsqualität entwickeln wollen, sind diese:

1. Wie nehme ich wahr und wie werde ich wahrgenommen?

? Wie geschärft sind meine *Sinnesorgane*, und was höre, sehe, spüre, fühle ich zwischen den Zeilen, Bildern, Worten? Zu entwickeln ist die Sensitivität – die Wachsamkeit der Sinne – ebenso wie die Sensibilität, die Empfindsamkeit für Emotionen und Beziehungen.

Sinnliche und emotionale Wahrnehmungsfähigkeit sind die Grundlage der Führungskompetenz. Horse-Sense entwickeln heißt den eigenen Empfangsbereich in allen Sinnen erweitern; der Umgang mit Pferden kann dabei vielfältiger Wegweiser sein.

? Klarheit und Bestimmtheit im persönlichen *Auftreten* sind vordergründig eine Frage von Design und Styling, und dafür kann es sich durchaus lohnen, persönliche oder professionelle Beratung in Anspruch zu nehmen. Nur lässt sich ein Mangel an Sicherheit und Selbstvertrauen nicht dauerhaft bemänteln und verkleiden.

Der Feedbackgeber Pferd reagiert nicht auf Verkleidung, Pose oder eingelernte mechanische Bewegungen. Er lässt vielmehr erkennen, welche energetische Präsenz sein Gegenüber ausstrahlt. So reagiert er in enthüllender Offenheit auf Konzentrationsmangel oder Unsicherheit, auf Angst oder Aggression, deren man sich selbst gar nicht bewusst ist.

? Die *Stimme* ist wesentlicher Transporteur der Persönlichkeit, wie auch die sprachliche Herkunft zeigt: Das Wort »Person« kommt vom lateinischen *per-sonare*, was »durchklingen« heißt. (*Persona* nannten die Römer die Maske, welche die Schauspieler der antiken Tragödie vor ihrem Gesicht trugen und durch deren Loch in Mundhöhe die Stimme durchklingen konnte.)

Persönlichkeit ist also eng mit der Stimme verbunden, und die ist auch ein ganz wesentlicher Faktor in der magnetischen Anziehung und Wirkung charismatischer Persönlichkeiten. Körpersprache, Stimmung und Stimme stehen in untrennbarer Verbindung und sind ein wirksames Instrument des Führens und Beeinflussens. Entwicklung der Stimme ist daher auch gekoppelt mit der Entwicklung der Persönlichkeit. An der Gestaltung dieses Instruments zu arbeiten, ist somit mehrfach lohnend.

? Ebenso wichtig wie die Fähigkeit, sich Gehör zu verschaffen, ist die Kunst, über welche eine der schönsten Lektionen Michael Ende geschrieben hat, als er die zweifellos charismatische Wirkung seiner Titelheldin »Momo«[46] hinterfragte. Dieses kleine Mädchen mit schwarzen Locken und großen Augen taucht in der Ruine eines alten Amphitheaters mitten in Rom auf und lebt dort fortan, ohne dass irgendwer weiß, woher sie kommt. Bei ihr sitzen immer Menschen jeder Altersgruppe, und bald fragen sich alle, was denn diese Momo hat oder kann, was andere so anzieht: Ratschläge geben oder Trost spenden? Singen oder Tanzen? Akrobatik oder Zaubern? Handlesen oder sonst wie die Zukunft voraussagen oder irgendwelche anderen Kunststücke? Nein, nichts von alledem, sondern:

---

46 Michael Ende: »*Momo*« (Stuttgart 1973).

Wie nehme ich wahr und wie werde ich wahrgenommen?

»Was die kleine Momo konnte wie kein anderer, das war: zuhören.

Das ist doch nichts Besonderes, wird nun vielleicht mancher Leser sagen, zuhören kann doch jeder. Aber das ist ein Irrtum. Wirklich zuhören können nur ganz wenige Menschen. Und so wie Momo sich aufs Zuhören verstand, war es ganz und gar einmalig.

Momo konnte so zuhören, dass dummen Leuten plötzlich sehr gescheite Gedanken kamen. Nicht etwa, weil sie etwas sagte oder fragte, was den anderen auf solche Gedanken brachte, nein, sie saß nur da und hörte einfach zu, mit aller Aufmerksamkeit und aller Anteilnahme. Dabei schaute sie den anderen tief mit ihren großen, dunklen Augen an, und der Betreffende fühlte, wie in ihm auf einmal Gedanken auftauchten, von denen er nie geahnt hatte, dass sie in ihm steckten.

Sie konnte so zuhören, dass ratlose oder unentschlossene Leute auf einmal ganz genau wussten, was sie wollten. Oder dass Schüchterne sich plötzlich frei und mutig fühlten. Oder dass Unglückliche und Bedrückte zuversichtlich und froh wurden.

Und wenn jemand meinte, sein Leben sei ganz verfehlt und bedeutungslos und er selbst nur irgendeiner unter Millionen, einer, auf den es überhaupt nicht ankommt, der ebenso schnell ersetzt werden kann wie ein kaputter Topf – und er ging hin und erzählte alles das der kleinen Momo –, dann wurde ihm, noch während er redete, auf geheimnisvolle Weise klar, dass er sich gründlich irrte, dass es ihn, genauso wie er war, unter allen Menschen nur ein einziges Mal gab und dass er deshalb auf seine besondere Weise für die Welt wichtig war.

So konnte Momo zuhören!«

Wer immer daher seine Kommunikationsqualität entwickeln will, sollte auf die Kunst des *Zuhörens* mindestens so viel Wert legen wie auf rhetorische Techniken und Fertigkeiten. Echte Führungspersönlichkeiten unterscheiden sich von den egomanischen Selbstdarstellern dadurch, dass die einen zuhören und *mit* den Menschen reden, während die anderen *zu* den Menschen reden und an der Gegenrichtung der Kommunikation nicht interessiert sind, ja diese sogar in ihrer tiefen Unsicherheit fürchten.

So weit einige Anregungen zum ersten Teil der Arbeit an den Themen, die charismatische Begabungen öffnen können. Nun zum zweiten Teil:

2. Wie gebe und wie bekomme ich Vertrauen?

? Vertrauen kann nur jemand geben, der Selbstvertrauen hat. Wie schon gesagt wurde, beginnt die Arbeit daran beim Blick zurück in die persönliche Lebensgeschichte. Die Verwundungen liegen oft in längst vergangenen Lebensphasen, an welche die Erinnerung fehlt, oder in Erlebnissen, die wir erfolgreich verdrängt haben.

Der Blick zurück ohne Zorn lohnt sich, denn unser Verhältnis zu Vertrauen begann sich in unserer Kindheit und Jugend auszubilden – und zwar in der Art, in der jemand für uns verlässlich da gewesen ist, wenn wir ihn gebraucht haben. Beschützt oder verlassen zu werden, prägte unsere Fähigkeit zu vertrauen vom ersten Lebenstag an. Auch wenn sich Jahresringe darüber gelegt haben, sind diese Erinnerungen aktiv, wenn es um das Geben und Annehmen von Vertrauen geht.

Wie gebe und wie bekomme ich Vertrauen?

? Vertrauen sollte nicht mit dem Anspruch verwechselt werden, dass jemand meinen Erwartungen entsprechen und meine Ansprüche erfüllen muss nach dem Motto: »Ich vertraue dir, wenn du tust, was ich will und erwarte.« Tut er oder sie das nicht, hat er oder sie nicht mein Vertrauen.

Auf diese Weise kommen die untertänigen Höflinge zu Vertrauenspositionen, die sie am wenigsten verdienen. Die Enttäuschung kommt, wenn der angebliche Gleichklang sich als vorauseilender Gehorsam eines Unterwürfigen herausstellt.

? Vertrauensfähig zu sein heißt auch, mit Enttäuschungen umgehen zu können. Um sie zu verarbeiten, ist es wohl am sinnvollsten, in dieses Wort genauer hineinzuhören. Enttäuschung heißt doch: aus einer Täuschung herauskommen (so wie Ent-wicklung den Prozess bezeichnet, in dem wir aus Ver-wicklungen befreit werden oder uns selbst befreien).

Enttäuschungen sind daher Klärungs- und Reinigungsprozesse. In ihnen werden wir Täuschungen los, an die wir uns bisher geklammert haben. Wir lieben diese allerdings so, dass wir – statt dankbar zu sein – denen grollen, die sie uns wegnehmen. Wir geben unsere Sympathie dem, der uns täuscht, und entziehen sie dem, der uns von einer Täuschung befreit, uns also ent-täuscht.

? Führungskräfte, die ihren Mitarbeitern nicht vertrauen können oder meinen, ihr Vertrauen werde immer wieder enttäuscht, sollten daher die Rechtmäßigkeit, Begründung und Sinnhaftigkeit ihrer Erwartungen und Einschätzungen hinterfragen – und die Klarheit, in der sie ihre Ansprüche formulieren.

Wer seine Mitarbeiter überschätzt oder überfordert, sollte daher nicht ihnen dann das Vertrauen entziehen, sondern erst einmal seiner Menschenkenntnis oder Erwartungshaltung misstrauen, sollte also erst Einfühlungsvermögen und emotionale Intelligenz hinterfragen und im Sinne von Horse-Sense entwickeln und entfalten.

? Vertrauen zu bekommen, setzt Klarheit und Berechenbarkeit voraus. Das so genannte »blinde Vertrauen« ist eigentlich die Perversion von klarer Vereinbarungstreue. Vertrauen braucht die Sicherheit über die Folgen im Fall des Missbrauchs. Die Zusammenarbeit kann in jeder Organisation und Beziehung nur mit diesem Verständnis von Vertrauen funktionieren. Es kennt die Sanktionen, ist aber auch immer zu Verständnis, Vergebung und Neuanfang bereit.

Diese Vertrauenswürdigkeit und auch die ständig wache Vertrauensbereitschaft sind ganz wesentliche Teile der charismatischen Ausstrahlung wirklich großer Führungspersönlichkeiten. Sie sind auch bereit, im Zweifelsfall das Risiko der klärenden Enttäuschung einer ständig auf Absicherung bedachten Misstrauenshaltung vorzuziehen.

»Misstrauen ist ein Zeichen von Schwäche«, sagte Mahatma Gandhi. Möglicherweise hätte er mit weniger Vertrauen länger gelebt – so wie vielleicht auch Martin Luther

King oder John F. Kennedy oder Gaius Julius Cäsar. Sie alle verzichteten auf stärkere Schutz- und Distanzierungsinstrumente nicht aus Leichtsinn oder Blindheit, sondern bewusst, weil sie sich für Vertrauen entschieden. Es scheint, als ob sie lieber ihr Leben verloren als ihr Vertrauen – und dagegen erscheint die Maxime des Unternehmensgründers Robert Bosch nahezu schon bescheiden: »Lieber Geld verlieren als Vertrauen.«

3. Wie zeige und wie erhalte ich Respekt?

Die Fragen zu diesem besonders deutlich sichtbaren und spürbaren Aspekt von Führungscharisma schließen nahtlos an das Thema Vertrauen an – und die allererste Frage ist wohl diese:

? Ist der Mitarbeiter in unserem Unternehmen Produktionsinstrument und Kostenfaktor oder respektierte Persönlichkeit, deren Bedeutung über den entlarvenden Begriff Human Resources hinausgeht? Da steckt zwar so verführerisch blendend der Begriff »*human*« drinnen, er dient aber nur dazu, dieses Produktionsmittel von den anderen Mitteln zu unterscheiden. Er ist gemeint als Mittel. Punkt. Nicht wie es so vollmundig in den Unternehmensleitbildern steht, als Mittelpunkt.

Hat dieses Mittel ständig zu funktionieren – und wie steht es mit dem Respekt vor der Person, wenn sie als Leistungsträger einmal nicht funktioniert? Ist die Ressource dann nur ein Optimierungsproblem und Reparaturfall oder ein Mensch, der als Persönlichkeit Zuwendung und Verständnis erhält, auch wenn die Leistung im Versagensfall klar bewertet wird?

? Wie gut gelingt daher diese Quadratur des Kommunikationskreises, die Wertschätzung der Persönlichkeit nicht an Leistungsbedingungen zu knüpfen? Wird zumindest versucht, auch in Kritikgesprächen allein durch Gesprächsumfeld, Tonfall, Körpersprache und Wortwahl eine Atmosphäre persönlicher Akzeptanz zu schaffen, auch wenn die Leistung absolut nicht akzeptabel ist?

Wird der Partner in der beruflichen Beziehung (es gilt für die private nicht anders) so akzeptiert und respektiert, wie er ist, oder läuft er als ein andauerndes Umbau- und Verbesserungsprojekt? Beruht die Beziehung oder die Zusammenarbeit auf der unerschütterlichen Hoffnung (die gleichzeitig Anspruchshaltung und Erwartungsdruck ist), dass er/sie sich doch endlich einmal ändern werde?

? Beziehe ich als Führungskraft meine Autorität nur aus meiner fachlichen Qualifikation oder zumindest auch – oder vor allem – aus meiner Fähigkeit und Bereitschaft, andere kompetent und erfolgreich zu machen? Die charismatische Führungskraft bezieht ihre Ausstrahlung vor allem daraus, dass nach dem Erfolg sie und ihre Leute sagen: *Wir* haben es geschafft.

Anderen Ruhm und Erfolg nicht zu gönnen und nur selbst auf dem Podest stehen zu wollen ist eine der kontraproduktivsten Verhaltensweisen für Führungscharisma und somit ein wesentliches Indiz für ihre Abwesenheit.

? Berufe ich mich, um meiner Person Wirkung zu geben, auf eine Funktion, auf einen Macht- und Amtstitel oder auf meine Persönlichkeit? Dann sollte auch ihre Bildung

Wie zeige und wie erhalte ich Respekt?

über den Tellerrand der beruflichen Kompetenz hinausgehen.

Für die charismatische Führungspersönlichkeit ist das berufliche Expertentum Voraussetzung. Die Ausstrahlung über andere hinaus bezieht sie aber auch aus einem Denken über deren Horizont hinaus. »Ganzheitliches Denken« ist das beliebte Schlagwort dafür. Was es bedeuten könnte, habe ich in dem Buch »Die Vier Energien der Führung«[47] ausführlich besprochen. Dazu daher die nächste Frage:

? Gelingt es mir, mit dem ganzen Hirn zu denken und nicht nur mit der in unserer patriarchalischen Leistungswelt tonangebenden linken Hälfte, die in der Welt der Macher gern den Anspruch erhebt, die allein gültige und glückselig machende zu sein? Denke ich also mit der linken analytischen, systematischen, logischen Seite und auch mit der rechten emotionalen, kreativen, systemischen Seite?

Übungs- und Anregungsfeld für dieses »rechte« Hirn sind Beschäftigungs- und Erlebnisfelder, die nicht so auf den ersten Blick beruflich praktisch umsetzbar erscheinen: Kunst und Literatur außerhalb des beruflichen Bereichs zum Beispiel oder soziale oder kulturelle Aktivitäten, die nicht unmittelbar Umsatz, Ertrag oder Karriere fördern.

? Wie gehe ich mit Druck um, wenn ich Wünschen, Erwartungen oder Anforderungen Nachdruck verleihen will? Übe ich das Maß an Druck aus, das in seiner Inten-

---

[47] A. a. O. S. 19 ff.

sität und Dauer erforderlich und angemessen ist? Nicht mehr, aber auch nicht weniger.

Das ist eine der eindrücklichsten Lektionen, die in der Arbeit mit Pferden mittels »Natural Horsemanship« zu erfahren sind. Pferde respektieren und befolgen das Maß an Druck, das ihnen Orientierung gibt und das endet, sobald sie dem dadurch geäußerten Wunsch nachkommen. Sie reagieren aber ungestüm und setzen sich zur Wehr gegen Druck, der unnötig stark oder unnötig lang ist. Mit leisesten Signalen regulieren sie Struktur und Ordnung in ihrer Herde: Ein kurzes, oft nur symbolisches Signal genügt. Gegenseitige Probleme zwischen Mensch und Pferd entstehen häufig aus der »menschlichen« Art, mit Druck nicht klar und selbstbewusst umzugehen. Emotionaler, energetischer und körperlicher Druck wird aufgestaut, unberechenbar geäußert, unnötig lange aufrechterhalten, wenn er gar nicht mehr nötig ist. Der sinnvolle, effiziente und effektive Umgang mit Druck ist eine der deutlichsten Lektionen, die durch Leadership by Horse-Sense erfahrbar und lernbar sind.

? Ist schließlich mein Handeln so klar und konsequent, dass ich für meine Mitarbeiter ein berechenbarer Führungspartner bin, dem Gerechtigkeit wichtiger ist als Gefälligkeit? Gelingt es mir, den Menschen, die mir folgen, Ziel und Sinn zu vermitteln? Dann werden auch unpopuläre Maßnahmen akzeptiert. Dann wird auch der, der sie verlangt und durchsetzt, respektiert.

Diese Form von respektvollem Einverständnis ermöglicht auch wieder klares Handeln, wenn bei Konfrontationen, Konflikten und Entscheidungen das gefordert ist, was In-

Wie zeige und wie erhalte ich Respekt?

geborg Bachmann »die Tapferkeit vor dem Freund« genannt hat. Das ist der Mut zur Konfrontation, der Respekt verschafft.

Der Katalog der Fragen und somit Anstöße zur Entwicklung von Führungspotenzial ließe sich noch beliebig verlängern, denn weder Leadership noch Charisma lassen sich in handliche Portionen mit Rezeptur und Gebrauchshinweisen einschließlich Gegenanzeigen und Warnung vor Nebenwirkungen abpacken. Doch an der obigen Fragenliste wirklich zu arbeiten – und damit meine ich nicht nur, sie kopfnickend zur Kenntnis zu nehmen –, das reicht für mehr als eine Inkarnation, um latentes Charismapotenzial zu heben.

Die Liste ist unvollständig, aber bei weitem ausreichend. Mehr könnte höchstens die Neugier befriedigen, würde aber eher verwirren als weiterhelfen – und vor allem das Tun nicht ersetzen.

Für alle Führungskräfte, die das eine oder das andere, vielleicht sogar schon sehr vieles in Büchern gelesen und in Seminaren gehört haben, sei nochmals dieser Hinweis angefügt:

> Es ist nicht so,
> dass wir nicht wissen,
> was zu tun ist.
> Wir tun nicht, was wir wissen.

Charismatische Führungskräfte sind die, die tun, was sie wissen, und eine Zielklarheit haben, die sie wissen lässt, was zu tun ist. Dadurch entsteht diese unwiderstehliche

Wirkung eines persönlichen Magnetismus. In diesem Sog kann und wird es immer wieder Situationen geben, in denen auch richtunggebender Druck gegeben und dann gleich wieder abgebaut wird. Charismatische Führungskräfte wissen auch in diesem Spiel mit Sog und Druck, was sie zu tun haben. Mit ihrer Einfühlung in Situationen und Personen führen sie situativ stimmig und echt das eine Mal kooperativ und das andere Mal autoritär, einmal partnerschaftlich, ein andermal patriarchalisch. In jedem Fall übernehmen sie die Verantwortung für ihren Führungsstil und für seine Auswirkungen.

Führungspersönlichkeiten in wirtschaftlichen, politischen oder sonstigen sozialen Organisationen, die mittels gewalttätiger Strukturen und Apparate ihre Macht ausüben und aufrechterhalten, verwirken durch den Gebrauch von Gewalt und Bedrohung ihr Charisma. Zumindest in meinem Glaubensgebäude passen Gewalttätigkeit und Menschenverachtung nicht mit dem Begriff für eine göttliche Gnadengabe zusammen.

Anhang zu
BUKEPHALOS

Anhang zu Bukephalos

Was ist nun an der Geschichte von Alexander und seinem lebensbegleitenden Pferd historische Wirklichkeit, soweit die belegbar ist? Ist der welterobernde Prinz wirklich der erste »Pferdeflüsterer« gewesen? Was könnte so oder ähnlich gewesen sein, und was wissen wir aus gesicherten Dokumenten?

Phantasievolle Ausschmückung und Mythologisierung machen natürlich ebenso wenig wie vor Alexander vor seinem Lebenspartner Bukephalos Halt. Besonders kreative Geschichts- und Geschichtenschreiber überhöhten das Wesen an der Seite des welterobernden Königs sogar zum Einhorn, wie es vor allem auf manchen mittelalterlichen Bildern zu sehen ist.

Sein Name, der auch als Bukephalas (oder in der späteren lateinischen Schreibweise als Bucephalus) zu finden ist und Ochsenkopf oder Stierschädel bedeutet, wird von den einen lediglich auf seine breite Stirnpartie zurückgeführt, von anderen auf seinen stierköpfigen Charakter, auf kleine hornartige Auswüchse an seinem Kopf oder auf einen weißen Fleck auf der Stirn in Form eines Stierkopfes. Möglicherweise hatten aber außerdem die thessalischen Pferde des Philonikos ein Brandzeichen in Form eines Ochsenkopfes. Zumeist wird Bukephalos als schwarzes Pferd mit weißem Fleck auf der Stirn und mit verschiedenfarbigen Augen beschrieben.[48]

---

48 Karen Duve, Thies Völker: »*Lexikon berühmter Tiere*« (Frankfurt/Main 1997).

Anhang zu Bukephalos

Unsere Erzählung in drei Teilen lehnt sich an die durchwegs als sehr zuverlässig angesehene Überlieferung des Historienschreibers und Philosophen Plutarch (46–125 n. Chr.) an. Seine knappe Schilderung war Anregung, in Alexanders Wesen die Fähigkeiten zu sehen, mit denen heute die »Pferdeflüsterer« Beachtung, Vertrauen und Respekt geben, erhalten und in ihrer Arbeit mit Reitern und Führungskräften weiter vermitteln.

In Plutarchs Alexanderbiografie[49] liest sich das Leitmotiv dieses Buches so:

»Ein Thessalier namens Philoneikos bot Philipp den Bukephalos für 13 Talente zum Kauf an. Man ging hinaus ins freie Gelände, um das Pferd auszuprobieren, und da zeigte es sich, daß es schwierig und ganz unbrauchbar war, da es niemanden aufsitzen und sich nicht einmal von jemandem aus Philipps Gefolge ansprechen ließ, sondern sich immer aufbäumte, wenn ihm jemand in die Nähe kam. Philipp verlor die Geduld und befahl, es wegzuführen, es sei völlig wild und nicht zu zähmen.

Da sagte Alexander, der dabeistand:

›Was für ein Pferd geht da verloren, bloß weil sie aus Unverstand und Weichlichkeit nicht mit ihm umzugehen wissen?‹

Zunächst schwieg Philipp dazu, als Alexander aber weiter darüber sprach und große Erregung zeigte, sagte Philipp:

---

49 Plutarch: »*Alexander*«, Kap. 6 (in der Übersetzung von Marion Giebel).

›Du willst Älteren Vorwürfe machen, als ob du besser Bescheid wüsstest als sie und besser mit einem Pferd umgehen könntest?‹

›Mit diesem da würde ich jedenfalls besser zurechtkommen, als irgend jemand sonst.‹

›Wenn du es aber nicht schaffst, welche Strafe willst du dann hinnehmen für deinen Vorwitz?‹

›Wahrhaftig, dann will ich den Preis für das Pferd bezahlen!‹

Alles lachte, und als man sich über den Preis geeinigt hatte, lief Alexander sogleich auf das Pferd zu, nahm es am Zügel und drehte es gegen die Sonne. Offenbar hatte er bemerkt, dass es scheute, wenn es seinen eigenen Schatten vor sich fallen und sich hin und her bewegen sah. Dann lief er ein paar Schritte neben ihm her, streichelte es, und als er sah, dass es wieder feurig und temperamentvoll wurde, ließ er behutsam seinen Mantel fallen, sprang aufs Pferd und setzte sich zurecht. Zunächst hielt er es ohne Schlagen und Zerren noch eine kurze Zeit zurück, indem er mit den Zügeln die Gebissstange leicht anzog. Als er aber sah, dass das Pferd seinen Widerstand aufgegeben hatte und jetzt heftig vorwärts drängte, gab er ihm die Zügel und ließ es laufen, indem er es durch lauteren Zuruf und Schenkeldruck noch vorwärts trieb.

Philipp und seine Begleiter waren zunächst stumm und voller Angst.

Als er aber in einer dressurmäßigen Wendung stolz und froh zurückgeritten kam, jubelten ihm alle zu, sein Vater aber soll Freudentränen vergossen haben.

Beim Absitzen küsste er seinen Sohn und sagte zu ihm:

›Mein Sohn, such dir ein Reich, das deiner würdig ist; denn Makedonien ist zu klein für dich.‹«

Dass Bukephalos für Alexander nicht irgendein Pferd war, zeigt auch diese Geschichte[50]:

»In diesen Gegenden überfiel ein Haufen Barbaren unerwartet diejenigen, die sein Pferd, den Bukephalos, führten, und nahmen es weg. Darüber ward er äußerst aufgebracht und ließ den Einwohnern durch einen Herold drohen, er wolle sie alle mit Weibern und Kindern töten, wenn sie ihm das Pferd nicht zurückschickten. Sie kamen aber sogleich und brachten ihm nicht nur sein Pferd, sondern übergaben ihm auch ihre Städte, wofür er sie denn sehr liebreich behandelte und sogar denen, die das Pferd genommen hatten, eine Art von Lösegeld bezahlte.«

Alexander überlebte seinen vierbeinigen Kampfgefährten um etwa drei Jahre. Bukephalos fand sein Ende nicht unmittelbar auf dem Schlachtfeld, sondern einige Tage nach der Schlacht gegen Poros im Alter von etwa 30 Jahren.

Der Legende nach war es nach einer seiner vielen Lebensrettungsaktionen für seinen Herrn erschöpft am oder gar im Fluss Hydaspes (heute Dschilam) zusammengebrochen, nachdem es Alexander noch mit letzter Kraft bis zum königlichen Zelt getragen hatte. Plutarch[51] meint allerdings, es wäre erst einige Tage später, als seine Wunden gepflegt wurden, an Altersschwäche gestorben:

---

50 A. a. O., Kap. 44.
51 A. a. O., Kap. 61.

»Diese Schlacht gegen Poros kostete auch Bukephalos das Leben. Er starb nicht auf dem Schlachtfeld, sondern später, wie die meisten berichten, während er wegen seiner Wunden behandelt wurde.

Onesikretos dagegen sagt, Bukephalos sei an Altersschwäche gestorben, er sei schon 30 Jahre alt gewesen. Alexander nahm sich den Tod des Pferdes sehr zu Herzen. Für ihn war es. als ob er einen vertrauten Gefährten und Freund verloren hätte. Zu seinem Gedächtnis gründete er am Hydaspes eine Stadt und nannte sie Bukephalia.«

Der römische Historienschreiber Gellius[52] beschrieb allerdings nur wenige Jahrzehnte nach Plutarch das Ende des königlichen Rosses wesentlich dramatischer und heroischer:

»Alexander, der dieses Pferd im Feldzug gegen Indien ritt und Wunder der Tapferkeit verrichtete, hatte sich, nicht vorsichtig genug, zu weit vorgewagt und war plötzlich von Feinden eingekeilt. Jetzt regnete es von allen Seiten Pfeile auf König Alexander.

Das Pferd, am Hals und an den Seiten aus tiefen Wunden blutend und obgleich es verwundet bis zum Tode und beinahe schon ganz entkräftet war, trug doch in raschem Laufe mitten aus der Menge der Feinde den königlichen Herrn noch heraus. Sobald es ihn aus dem Bereich der tödlichen Geschosse getragen hatte, brach es auf der Stelle zusammen und hauchte, beruhigt durch die Rettung seines Herrn, fast wie mit dem Gefühl tröst-

---

52 Aulus Gellius: »*Noctes Atticae*«, Kap. 5, 2 *(www.thelatinlibrary.com).*

licher Zufriedenheit, einer sonst nur menschlichen Rührung, sein Leben aus.

Später ließ der König Alexander nach Beendigung dieses Krieges auf jenen Schlachtfeldern eine Stadt gründen und nannte sie in dankbarer Erinnerung zu Ehren seines Streitrosses Bukephalon.«

Dass Alexander diese Stadt gegründet und seinem Lebensbegleiter zu Ehren benannt hat, scheint also mehrfach gesichert. Historiker und Geografen sind sich nur uneins, ob diese Siedlung am Hydaspes, der jetzt als Dschilam durch Pakistan und Indien fließt, das heutige Djemoul oder Jalalpur, nach anderer Meinung auch Lahore ist.

Anhang zu
ALEXANDER

Zeittafel zum Leben Alexanders des Großen[53]

356 Geburt Alexanders als Sohn Philipps II., König von Makedonien, und seiner Frau Olympias.

343 Alexander und seine Hetairen (Gefährten) werden in Mieza von Aristoteles unterrichtet.

338 Alexander gewinnt bei Chaironea die Schlacht gegen die Thebaner.

336 Nach der Ermordung seines Vaters wählt die Heeresversammlung den Prinzen als Alexander III. zum neuen König.

336 / 335 Alexander zieht mit unerwarteter Schnelligkeit erfolgreich gegen die aufständischen Illyrer, Triballer, Geten, Kelten und Thraker. Er nimmt das revoltierende Theben ein und lässt es als Exempel schleifen. Die restlichen aufständischen Städte (zum Beispiel Athen) werden mit Milde behandelt.

334 Beginn des Feldzugs gegen Persien. Überschreitung des Hellespont mit ca. 35.000 Mann. Am Granikos besiegt Alexander die Truppen der kleinasiatischen

---

53 Nach *www.web-der-weltgeschichte.de/Alexander_0.html* (Christian Ilaender).

Satrapen unter Mithradates. In Gordion löst er den mystischen Knoten.

333 Im Sommer löst Alexander die ionische Flotte auf und muss Rückschläge hinnehmen (Rückeroberung von Chios und Mytilene durch die persische Flotte). Im November besiegt er Dareios III., Großkönig von Persien, bei Issos.

332 Alexander nimmt nach siebenmonatiger Belagerung die Phönizierstadt Tyros ein. Ein Friedensangebot des Dareios lehnt er ab.

331 Eroberung Syriens und Ägyptens. Gründung Alexandrias. Zug zur Siwa-Oase, wo er im Zeus-Ammon-Heiligtum als Sohn Gottes begrüßt wird. Antipater, sein Statthalter in Makedonien, besiegt die aufständischen Spartaner bei Megalopolis (von Alexander geringschätzig im Vergleich zu seinen Taten »Mäusekrieg« genannt).

1.10.331 Alexander besiegt bei Gaugamela das Großheer des Dareios. Danach kann er problemlos Babylon und Susa einnehmen und wird als neuer Großkönig ausgerufen. Im Zusammenhang mit mehreren Verschwörungen werden die eigenen Heerführer Philotas und Parmenion hingerichtet.

330 Plünderung und Brand von Persepolis als Rache für den Brand der Akropolis.

329 Unterwerfung des Ost-Iran. Jagd und Hinrichtung Bessos, der Dareios ermordet hatte.

328/327 Zähe Kämpfe um ost-iranische Provinzen. Alexander siegt gegen die feindlichen Guerillas (skythische Nomadenstämme) erst nach einer Heeresreform. Heirat mit der baktrischen Prinzessin Roxane. Die Einführung der »Proskynese« (persisches Hofzeremoniell mit Fußfall) scheitert am Widerstand des makedonisch-griechischen Gefolges (Kallisthenes). Nach der »Pagenverschwörung« Hinrichtung des Kallisthenes. In Samarkand erschlägt Alexander betrunken im Jähzorn seinen Jugendfreund Kleitos.

327–325 Zug nach Indien.

326 Alexander besiegt am Hydaspes den indischen Fürsten Poros. Dort stirbt Bukephalos.

325 Am Hyphasis (heute Bias) zwingt ihn sein erschöpftes Heer zur Umkehr zum Indus. Rückzug unter gewaltigen Verlusten durch die Gedrosische Wüste.

324 Massenhochzeit zu Susa (Plan der Völkerverschmelzung).

13.6.323 Alexander stirbt nach zweiwöchiger Krankheit in Babylon, bevor er zum geplanten Feldzug nach Arabien, Libyen und Karthago aufbrechen kann.

Charismatisch, genial oder nur ehrgeizig?

Ein intelligenter und gebildeter jugendlicher König, der als visionärer, entschlossener und mitreißender Feldherr in nur acht Jahren ein Weltreich erobert und dann erschöpft mitten unter seinen Soldaten stirbt. Das ist eine Sicht auf das Phänomen Alexander. Der Historiker Diodor[54] beschrieb Alexander etwa 600 Jahre nach seinem Tod unter anderem so:

»In kurzer Zeit hat dieser König große Taten vollbracht. Dank seiner eigenen Klugheit und Tapferkeit übertraf er an Größe und Leistung alle Könige, von denen die Erinnerung weiß …, und hat damit zu Recht weithin reichenden Ruhm erworben, der ihn den alten Heroen und Halbgöttern gleichstellte.«

300 Jahre vorher verließ den Stoiker Seneca[55], der kurze Zeit die zweifelhafte Ehre hatte, den kleinen Prinzen Nero zu erziehen, seine Ruhe, als er über Alexander urteilte: »Den unglücklichen Alexander trieb seine Zerstörungswut sogar ins Unerhörte. Oder hältst du jemanden für geistig gesund, der mit der Unterwerfung Griechenlands beginnt, wo er doch seine Erziehung erhalten hat? … Nicht zufrieden mit der Katastrophe so vieler Staaten, die sein Vater Philipp besiegt oder gekauft hatte, wirft er die einen hier, die anderen dort nieder und trägt seine Waffen durch die ganze Welt. Und nirgends macht seine Grausamkeit erschöpft Halt, nach Art wilder Tiere, die mehr reißen, als ihr Hunger verlangt.«

So ist es wohl sehr passend, wenn der Freiburger Altphilologe Hans-Joachim Gehrke[56] in seiner Alexanderbiografie das Schillerwort über Wallenstein dem Makedonier widmet: »Von der Parteien Gunst und Hass verwirrt schwankt sein Charakterbild in der Geschichte …«

---

54 Diodor im 17. Buch seiner »*Historischen Bibliothek*« (etwa 320 n. Chr.).
55 L. Annaeus Seneca (4 v. bis 65 n. Chr.) in den »*Epistulae morales*«.
56 Hans-Joachim Gehrke: »*Alexander der Große*« (München 1996), S. 9.

Charismatisch, genial oder nur ehrgeizig?

Wenn ich hier den Versuch unternommen habe, an einer herausragenden Führungspersönlichkeit die Qualitäten sichtbar zu machen, die auch mehr als 2000 Jahre später Vorbild und Muster – oder um im kompetenten Expertenjargon zu bleiben: lehrreiche »case study« – sein könnten für charismatisches Leadership, dann geht es nicht vordringlich um belegte und in ihren Quellen abgesicherte und bewertete historische Wahrheit.

An der arbeiten Experten mühsam genug auf sandigem Untergrund. Denn weder von Alexander selbst noch von seinen Zeitgenossen ist Schriftliches hinterlassen. Zeitlich und von ihren Quellen her sind wohl Plutarch (46–125 n. Chr.) mit seiner Alexanderbiografie und Arrian (ca. 90–170 n. Chr.) am nächsten an den historischen Ereignissen. Die Quellen, aus denen sie beide schöpften, beschreibt Arrian so:

»Was Ptolemäus und Aristobul beide übereinstimmend von Alexander, Philipps Sohn, niedergeschrieben haben, das nehme ich als durchaus wahr in meine Erzählung auf. Wo sie aber nicht miteinander übereinstimmen, da wählte ich dasjenige aus, was mir als glaubhafter und zugleich als erzählenswerter erschien. Allerdings haben noch andere anders lautende Berichte über Alexander aufgezeichnet, und es gibt niemanden, über den mehrere und mehr voneinander abweichende vorhanden wären.

Mir jedoch schien es, als seien Ptolemäus und Aristobul in ihrer Erzählung am glaubwürdigsten. Aristobul, weil er mit König Alexander den Feldzug machte, Ptolemäus aber, weil er außer seiner Teilnahme an diesem Zuge selbst ein König war und somit Lügen für ihn schimpflicher sein musste als für jeden anderen. Beide aber, weil sie erst nach Alexanders Tode schrieben und deshalb für sie weder Zwang noch Lohn vorlag, um etwas anderes zu schildern, als es sich wirklich zugetragen hat ...«

Diese Einschätzung der Wahrhaftigkeit von politischen Machthabern – Alexanders Wegbegleiter Ptolemäus erhielt von seinem Freund Ägypten, wo er sich 305 zum König ernannte – würde heute sicher anders ausfallen. Auch das zeigt, wie jede Beurteilung von Geschichte und ihrer handelnden Personen vom jeweiligen Zeitgeist beeinflusst und so auch nur aus diesem zu verstehen ist.

Mit seinem »massiven Zug ins Mythische«[57] war Alexander schon seinen Zeitgenossen ein Rätsel und ist es letztlich auch geblieben. Auch ob zu seinem Tod in Babylon Malaria und alkoholreiche Gelage geführt hatten oder ein Gift, an dessen Beschaffung sogar Aristoteles und Alexanders heimatlicher Statthalter Antipater mit seinen Söhnen beteiligt gewesen waren, bleibt letztlich ungeklärt.

Wahrscheinlich ist dieser Schleier des Geheimnisvollen auch eine Ursache dafür, dass nun schon über zwei Jahrtausende sich bildende Künstler – von zahl- und namenlosen Bildhauern der Antike und Malern des Mittelalters bis zu Albrecht Altdorfer (»Die Alexanderschlacht«) über Meister des Barocks (etwa Altomonte und Rottmayr mit den pompösen Fresken des »Alexanderzyklus« in der Salzburger Residenz) bis zu Andy Warhol – diesem zum Mythos gewordenen Heros widmen.

---

57 H.-J. Gehrke: A. a. O., S. 98.

Charismatisch, genial oder nur ehrgeizig?

Unübersehbar sind die literarischen Versuche, diese Persönlichkeit zu ergründen und zu vermitteln, und natürlich wirkt dieses Faszinosum auch auf und durch die Medien unserer Zeit: Dem Historienfilm der späten 50er-Jahre mit Richard Burton folgt eine filmische Überhöhung aus Hollywood, die gerade in Arbeit ist, während dieses Buch entsteht. Im Worldwide Web ist Alexander von mehreren »eigenen Homepages«[58] ausgehend so omnipräsent, wie es seiner Grenzenlosigkeit wohl ohnehin am besten entspricht.

Die historische Forschung schließlich ringt seit Alexanders Tod mit der Bewertung seiner Leistungen als Feldherr, als Staatsmann, als eine die Welt verändernde und weit über seinen Tod hinaus prägende Persönlichkeit. Nicht nur Cäsar und Marcus Antonius haben sich den Makedonier ganz bewusst und deklariert zum Vorbild genommen. Den Verehrern, Bewunderern und Imitatoren standen und stehen aber auch immer wieder die Kritiker gegenüber, die ihn als einen vom Glück begünstigten Despoten darstellten.

Dieses Alexanderbild verbreiteten als Erste die Peripatetiker, die Schüler des Aristoteles. Alexanders Lehrer selbst, der ihn fünf Jahre lang mit seinen Freunden unterrichtet hatte, bewunderte anfangs den jungen König. Diese Einstellung änderte sich jedoch völlig, als sein Neffe Kallisthenes, der als Hofhistoriograf den Feldzug begleitete, als angeblicher Mitwisser der »Pagenverschwörung« hingerichtet wurde. Der unnachgiebige, harte und oft auch äußerst jähzornige Umgang mit mutmaßlichen Gegnern

---

58 Zum Beispiel *http://wso.williams.edu/~junterek/*
oder: *http://www.isidore-of-seville.com/Alexanderama.htm.*

steht in Alexanders Leben immer wieder im krassen Gegensatz zur großmütigen und humanen Behandlung der Besiegten.

Die wissenschaftliche und romanhafte Literatur über Alexander würde eine stattliche Bibliothek füllen, und es wäre ein müßiges und überdies hochmütiges Unterfangen, hier bewerten und urteilen zu wollen. Jede große Persönlichkeit bietet genügend Angriffspunkte, die man benutzen kann, um ihre Qualitäten und Leistungen nicht zum Maßstab des eigenen Handelns machen zu müssen. Findet man gar keine, erklärt man ihn oder sie zum Genie, denn für ein solches gelten auch wieder Gesetze, an denen man sich als Normalsterblicher nicht zu messen braucht.

Ich habe mit Absicht in der Schilderung des großen Makedoniers die Qualitäten herausgehoben, die als Vorbild dienen können für herausragende Führungsqualität. Sie als Anregung für das eigene Handeln zu nehmen, kann nicht nur helfen, ein Pferd zu erobern. Es muss auch nicht gleich ein Weltreich sein. Aber es könnte ein Bereitmachen der eigenen Persönlichkeit sein für die Aufnahme der Gnadengabe, die man Führungscharisma nennt.

Nachwort

Schuld am Entstehen dieses Buches trägt meine Tochter Kristina. Seit sie des Redens mächtig ist – und das sind bekanntlich Mädchen ziemlich früh, somit schon seit mehr als 25 Jahren –, hörte ich von ihr:»Ein Pferd, ein Pferd – kein Königreich, nur ein Pferd!«, oder so ähnlich ...

Nach jahrelanger wechselhafter Hinhaltetaktik (mit Hinweisen auf ihre Jugend und die Einsamkeit eines Pferdes allein im Obstgarten, gar nicht zu reden von den Flurschäden in Mutters Ziergarten) verbaute das Entstehen eines Fünfsternereitstalls in unmittelbarer Nachbarschaft den letzten Ausfluchtweg. Ihr gescheckter Navajo bezog auf der A+P-Ranch am Nordufer des Mattsees bei Salzburg sein Appartement mit persönlichem Vorgarten.

Dort ging's ihm aber nicht nur wegen dieses Komforts gut, sondern auch und vor allem weil ihm seine nicht ganz ungetrübte Kindheit und Jugend durch »Natural Horsemanship« zu vergessen geholfen wurde. Spätestens seit Nicolas Evans' höchst empfehlenswertem Buch[59] und Robert Redfords sehenswertem gleichnamigem Film ist »Horsewhispering«, also »Pferdeflüstern«, der geläufige Ausdruck dafür.

Das ist der gewaltfreie, einfühlsame Umgang mit Pferden, wie ihn der Kalifornier Monty Roberts etwas unbescheiden als sei-

---
59 Nicolas Evans: »*Der Pferdeflüsterer*« (München 1995).

Nachwort

ne Erfindung postuliert. Zweifellos ist er einer der ganz großen Pioniere in der Ausübung und vor allem Verbreitung dieser Kunst und auch im Transfer dieses Wissens auf Menschen.

Bei ihm und auch bei Pat Parelli lernte der Österreicher Reinhard Mantler diese Kunst und entwickelte auf der Grundlage seines Talents daraus seine persönliche Art der Kommunikation mit Pferden. Die vermittelt er in seinem Austrian Horse Center (in Wolfern bei Steyr) ebenso wie in anderen Reitställen in ganz Europa seit einigen Jahren nicht nur Reitern und Reiterinnen – so auch meiner Tochter und ihrem Navajo –, sondern auch Führungskräften.

Zunächst als Zaungast, stundenlang an die weißen Pfosten und Balken rund um die Koppeln und Reitplätze gelehnt, erlebte ich dort, wie Reiter mit und an und neben und dann erst auf ihren Pferden das erfahren und lernen, was Führungskräfte wissen und können sollten: ihre Sinne schärfen und achtsam sein, sich einfühlen und sich durchsetzen, Vertrauen ebenso aufbauen wie Respekt ... Und für all das haben sie durch den Partner Pferd in jedem Moment den Spiegel vor sich, der ihnen im Beruf fehlt.

So führten wir unser gemeinsames Wissen – aus der Pferdewelt seinerseits und aus der Unternehmensführung meinerseits – zusammen, um Managern bei der Entwicklung des Dreiklangs zu helfen, der Führungsqualität unter anderem ausmacht: Beachtung – Vertrauen – Respekt.

Immer öfter sind daher in mehrtägigen Trainings oder in kürzerem Einzelcoaching Führungskräfte fasziniert von dieser Möglichkeit, ungeschminktes Feedback zum persönlichen Verhalten und damit für die weitere Entwicklung ihrer Leadershipqualitäten zu bekommen.

Nachwort

Für seine Informationen und Anregungen möchte ich daher Reinhard ganz herzlich danken. Dass er während der Arbeit zu diesem Buch mein Schwiegersohn geworden ist, ist weder Grund zu zusätzlichem Dank noch zu dessen Rücknahme – sondern einfach zur gemeinsamen Freude. Es bestätigte mir nur nochmals (was schon Robert Redford als Tom Booker zeigte), dass das, was man von und mit den Pferden lernt, nicht nur auf diese wirkt ...

Wenn Sie – alleine oder mit Ihren Mitarbeitern – Ihre Führungsqualitäten zum Leadership by Horse-Sense entwickeln oder an anderen Führungsthemen und -aufgaben arbeiten wollen, finden Sie Anregungen und Informationen unter dieser Internetadresse: www.hendrich.cc

Über ihre Meinungen zu diesem Buch sowie Interesse an der gemeinsamen Arbeit zu diesen Themen würde ich mich freuen und erwarte Ihre Nachricht gerne unter dieser E-Mail-Adresse: fritz@hendrich.cc

Literaturhinweise

Themenbereich Pferd

BASCHE Arnim: »Geschichte des Pferdes« (Künzelsau 2000)
BINDER Sibylle Luise, KÄRCHER Gabriele: »Horse Feelings« (Stuttgart 2001)
DOSSENBACH M. und H. D:. »König Pferd« (Augsburg 1999)
DUVE Karen, VÖLKER Thies: »Lexikon berühmter Tiere« (Frankfurt/Main 1997)
EVANS Nicolas: »Der Pferdeflüsterer« (München 1995)
FERRAN WITTER Rebekah: »Horse Power – Lebensenergie und Erfolg durch die Kraft der Pferde« (Cham 2001)
HEMPFLING Klaus Ferdinand: »Frau und Pferd – Tanzen zwischen den Welten« (Stuttgart 1999), »Der Pferdeschamane« (Saarbrücken 2000)
McCORMICK Adele, und DEBORAH Marlena: »Pferde als Heiler« (München 2000)
PARELLI Pat: »Natural Horse-Man-Ship« (Wipperfürth 1995)
ROBERTS Monty: »Der mit den Pferden spricht« (Bergisch Gladbach 1997), »Das Wissen der Pferde« (Bergisch Gladbach 2000) und »Die Sprache der Pferde« (Bergisch Gladbach 2002)
SCHWAIGER Susanne E.: »Der Weg mit Pferden – Ein Weg zu mir« (Stuttgart 2000)

Themenbereich Unternehmensführung, Psychologie, Soziologie

AXELROD R.: »Die Evolution der Kooperation« (München 1991)
BÖNING Uwe: »Exzellent führen« (Freiburg 1989)
BRANDES Dieter: »Einfach managen« (Frankfurt/Main 2002)
COOPER R. K., SAWAF A.: »Emotionale Intelligenz für Manager« (München 1997)

ENDE Michael:»Momo« (Stuttgart 1973)
GOLEMAN Daniel:»Emotionale Intelligenz« (München 1997),
»Der Erfolgsquotient« (München 1998), mit BOYATZIS R. und
McKEE A.:»Emotionale Führung« (München 2002)
GREY John:»Männer sind anders. Frauen auch« (München 1992)
JUNG C. G.: Gesammelte Werke, Bd. 5:»Symbole der Wandlung« (1995)
HENDRICH Fritz:»Die vier Energien der Führung« (Wien 1999),»Das Leaderbuch – Ratschläge und Seitenhiebe für Manager« (München 2002)
LUHMANN Niklas:»Vertrauen« (Stuttgart 1989)
MACHIAVELLI Niccolò:»Il principe« (Stuttgart 1986)
McCORMACK Mark H.:»Was Sie an der Harvard Business School nicht lernen« (München 2002)
McGREGOR Douglas:»Der Mensch im Unternehmen« (Düsseldorf/Wien 1973)
PETER Laurence J.:»The Peter Principle« (London 1969)
PETERS Tom, WATERMAN Robert:»Auf der Suche nach Spitzenleistungen« (Landsberg 1984)
ROSENBERG Marshall B.:»Gewaltfreie Kommunikation« (Paderborn 2002)
SENNETT Richard:»Respekt im Zeitalter der Ungleichheit« (Berlin 2002)
SPRENGER Reinhard. K.:»Vertrauen führt« (Frankfurt 2002)
WEBER Max:»Wirtschaft und Gesellschaft« (Tübingen 1922)

Themenbereich Alexander der Große

ARRIAN:»Alexanders des Großen Siegeszug durch Asien« (zuletzt erschienen in Zürich 1950)
BENGTSON Hermann:»Philipp und Alexander der Große – Die Begründer der hellenistischen Welt« (München 1997)
BINDSCHEDLER G., FRICK B., ZWYGART U:.»Alexander oder die Aufforderung an Führungskräfte, Grenzen zu überwinden« (Bern 1998)
DIODOR: 17. Buch seiner»Historischen Bibliothek« (etwa 320 n. Chr.)
GEHRKE Hans-Joachim:»Alexander der Große« (München 1996), Seite 9
GELLIUS Aulus:»Noctes Atticae«, Kap. 5, 2 *(www.thelatinlibrary.com)*
LECHNER Auguste:»Alexander der Große« (Innsbruck 1995)
MANFREDI Valerio Massimo:»Alexander – Der makedonische Prinz« (München 2001)

Literaturhinweise

PLUTARCH:»Alexander«, Kap. 6 (in der Übersetzung von Marion Giebel, Stuttgart 1980)
SENECA L. Annaeus (4 v. bis 65 n. Chr.): in den »Epistulae morales«
WILLE Fritz:»Führungsgrundsätze in der Antike« (Zürich 1992)
WIRTH Gerhard:»Alexander der Große« (Reinbek 1973)

Stichwort- und *Namens*verzeichnis

Achtsamkeit 14, 18, 21, 33, 37 f,
 43, 45, 60, 77, 95, 134
Acton, Lord 157
Akzeptanz 43, 48, 69, 130, 148,
 151 ff, 160, 182
*Alexander der Große 23 ff, 37,
 42, 60, 81 ff, 90 f, 115, 119 ff,
 132, 136, 139 f, 147 f, 155, 161,
 169, 189 ff, 195 ff*
Alkmene 169
Altdorfer, Abrecht 202
Andersen Consulting 74
Angst 37 f, 41 67, 81, 83, 92, 94,
 99, 128 ff, 134, 141, 151 f, 160,
 164 ff
Antipater 198, 202
Aristobul 201
*Aristoteles 24, 37, 91, 124, 133,
 197, 202 f*
Arrian 115, 133, 169, 201
assertiveness 155
Athene 55
Aufmerksamkeit 14, 45, 48, 61,
 67, 78, 81, 122
Autorität 14, 135, 182
Axelrod, Robert 107

Beachtung 21, 12, 43, 45, 61, 67,
 78, 131
Bellerophon 55
Berechenbarkeit 14, 92
Bohr, Niels 56

Boorman, John 94
Bosch, Robert 180
Brecht, Bert 102
*Bukephalos 23, 25 ff, 37, 43, 60,
 65, 81 ff, 90 f, 115, 119 ff, 132,
 139, 161, 187 ff*

Caesar, Gaius I. 180, 203
Charisma 12 ff, 96, 158, 160,
 167 ff
Chiron 55
Chronos 55
Cortez, Hernando 57

Daimler-Chrysler 138
Dareios III. von Persien 198
Delegieren 88
Demut 19, 82, 94 ff, 13, 134, 154,
 169
Diodor 200
Dominanzstreben 155
Dorrance, Bill 17
Druck 16, 38, 83, 90 f, 102, 109,
 122, 130, 154, 160, 183, 186
Dunstan von Canterbury 56
Durchsetzung 68, 154 ff

Echtheit 70, 147
Ehrlichkeit 15
Einfühlung 38, 45
emotionale Intelligenz 46, 67 f,
 70, 78, 150, 154

Stichwort- und Namensverzeichnis

Emotionalität 51
Empathie 43, 68
Ende, Michael 176
Evans, Nicolas 205

Feedback 15, 93
Fischer-Dieskau, Dietrich 131
Freud, Sigmund 52

Gandhi, Mahamtma 180
Gasset, Ortega y 49
Gehrke, Hans-Joachim 200
Gellius 193
Glaubwürdigkeit 92 f, 95, 97, 147
Grey, John 48

Hall, Judith 50
Hempfling, Klaus F. 17, 49,
Herakles 169
Hewlett Packard (HP) 47, 148
Horse-Sense 11, 16, 19, 45, 60, 64, 77, 131, 150, 174 f, 180

Iacocca, Lee 163
Inspiration, Intuition 77

Jung, C.G. 52, 55

Kallisthenes 199, 203
Kennedy, John F. 180
Kentauren 55
Kikkuli 35
Kleitos 199
»Kluger Hans« 43, 49
King, Martin Luther 180
Kompetenz 18, 92, 150, 160, 169, 183
Kontrolle 73, 87, 91, 100, 102, 104, 110 ff, 128
Körpersprache 41 f

LeFort, Gertrud von 113
Leadership by Horse-Sense 18, 39, 42, 65, 184, 207
Leistung 152 f
limbisches System 69, 92
Loyalität 16, 113, 134
Luhmann, Niklas 112

Macht 91, 128 f, 135, 151
Machiavelli, Niccolo 128, 136
Mannesmann 138
Mantler, Reinhard 17, 42, 206
Marcus Antonius 203
Maslow Abraham 102
McCormack, Mark H. 142
McGregor, Douglas 99 ff
Medusa 54
Mithradates 198
Mentalität 68
Mentoring 62
Michener, James A. 33
Mintzberg, Henry 76
Momo 176 f
Moore, Gerald 131
Mut 12, 19, 82, 90, 94, 97, 123, 137, 139, 154, 161, 164, 166, 169, 185

Nash, John 73
Natural Horsemanship 17 f, 42
Nietzsche Friedrich 102

Odin 55
Olympias 169, 197
Osten, Wilhelm von 44

Parelli, Pat 17, 206
Parmenion 115
Pegasos 26, 54
Perseus 54
Peter, Lawrence J. 150

Peters, Tom 147 f
Pferdeflüsterer 16 f
Pfungst, Oskar 44
Philipp II. von Makedonien
 23 ff, 125, 132, 169, 190 f, 197,
 200 f
Philippos (Arzt) 115
Philonikos von Thessalien 23 ff,
 189 f
Plato 91
Plutarch 136, 190 ff, 201
Poros 192 f, 199
Poseidon 54
Ptolemäus 201 f

Rapoport, Anatol 108
Redford, Robert 205
Reist, Walter 155
Resonanz 13, 65 ff, 72, 134
Respekt 12, 14, 16, 19, 82, 90,
 117 ff, 134 ff, 151 ff, 163, 181 ff,
Risiko 82 f, 87, 90, 94, 96 f, 123,
 161, 163ff
Roxane 199
Roberts, Monty 17, 42, 160, 205
Rochefoucault, F. de la 145
Rosenberg, Marshall D. 160
Rosenthal, Robert 50
Rousseau, Jean-Jacques 127
Rücksicht 127, 130

Schweitzer, Albert 87
Selbstkontrolle 103 f, 109 f
Selbstreflexion 15, 78
Selbstregulierung 70
Selbstsicherheit 96, 134
Selbstverantwortung 89, 129
Selbstvertrauen 89, 134, 147, 178
Seneca 200
Sennett, Richard 131
Sensitivität 51, 175

Sicherheit 16, 38, 53, 83
soziale Kompetenz 18, 52, 68, 78,
 150, 154
Stimme 175 f
Strategie 65
Stress 92, 94
Stumpf, Carl 44
Suppiluliuma 35

Taylor, Frederick 66
Temperament 68, 165

Unternehmenskultur 146

Veen, Herman van 46
Verlässlichkeit 92
Verständnis 38
Vertrauen 12, 14, 16, 18, 73, 79 ff,
 95 ff, 102 ff, 119, 122, 128, 134,
 154, 160, 163, 178 ff
Vertrauenskultur 102
Vision 77f
Vodafone 138
Vries, Kets de 15

Wachsamkeit 16, 34, 45,
Wahrnehmung 43, 72, 78, 91 f,
 110, 160
Walton, Sam 149
Warhol, Andy 202
Weber, Max 12, 172
Welch, Jack 155
Wertschätzung 14, 45, 48, 61, 64,
 67, 90, 112, 130 f, 153
Wilhelm von Brandenburg 66

Xenophon 24, 30, 36 f, 91

Zeus 169
Zuhören 177 f
Zuwendung 43, 45, 48, 67

 ## Weitere Management-Bücher von Fritz Hendrich

Die vier Energien der Führung

Managementcoach Fritz Hendrich vernetzt die Symbole der vier Elemente Feuer, Erde, Wasser und Luft mit aktuellem Führungswissen und vermittelt so die Grundgedanken der Menschenführung. Mit den vier Energien der Führung werden Sie zum effizienten und *charismatischen* Manager!
200 Seiten, ISBN 3-85436-292-7

Das Leader-Buch

Heitere Ratschläge und Seitenhiebe für Manager: Ein Buch zum Schmunzeln für Führungskräfte und diejenigen, die mit ihnen arbeiten müssen. Mit bissigem Witz und tiefgründigem Humor sinniert der Autor über große und kleine Tagesprobleme der Arbeitswelt.
200 Seiten, ISBN 3-85436-339-7

Signum Wirtschaftsverlag

Lesetipp

BUCHVERLAGE
LANGEN MÜLLER HERBIG
WWW.HERBIG.NET